Klaus Kunze

Totalitarismus kommt auf leisen Sohlen

Vom Staat des Volkes zum Gesinnungsstaat

Eine Sonderausgabe des
Deutschland-Magazins

ISBN: 978-3-98987-001-7

1. Auflage Januar 2024

Alle Rechte und Herausgeber:
DIE DEUTSCHEN KONSERVATIVEN e. V.
Beethovenstraße 60 - 22083 Hamburg
Telefon: 040 - 299 44 01 - Telefax: 040 - 299 44 60
E-Mail: info@konservative.de - www.konservative.de

Druck:
SZ-Druck & Verlagsservice GmbH
Urbacher Straße 10 - 53842 Troisdorf

Gestaltung des Umschlags:
Murat Temeltas

Heute sind „Die Deutschen Konservativen e.V." unbestreitbar die bedeutendste demokratische, konservative Bewegung in Deutschland.

Wir finanzieren unsere Arbeit ausschließlich aus Spenden. Für jede erhalten Sie eine steuerlich abzugsfähige Spendenbescheinigung. Am besten helfen Sie uns mit einer Überweisung, aber auch PayPal-Spenden sind möglich.

Spendenkonto: Die Deutschen Konservativen
DE 86 2001 0020 0033 3332 05 - BIC: PBNKDEFFXXX

info@konservative.de

	Seite
Vorwort	7
Warum sie das deutsche Volk abschaffen	9
Der Rechtsbegriff soll das Volk zerstören helfen	12
Was ist ein „Staat des Volkes"?	15
Was ist ein Gesinnungsstaat?	18
Die historische Dimension des Geschehens	24
Abwendung von der Nation	26
Epochenwechsel	31
Die Gemeinschaft der Rechtgläubigen	35
Vorwärts in den Gottesstaat	38
Die Bücherverbrennungen	40
Der Feind in unserem Innern	43
Gesinnungs-Kampf gegen rechts	47
Freiheit im Zangengriff	52
Die staatliche Weltanschauungskontrolle	54
Glaubenskrieger	56
Ihr seid Götter	58
Wo Gott waltet, darf ein Teufel nicht fehlen	61
Die Gesinnung der Moderne	63
Ersatzgesinnung für die verlorengegangene Legitimität	68
Literaturverzeichnis	70
Über den Autor	72

Vorwort

Das deutsche Volk gilt als Souverän unseres Staates und seiner Volksherrschaft. Es wird jetzt obrigkeitlich abgeschafft. Das ist der Plan. Er wird mit großem propagandistischen und juristischen Aufwand durchgesetzt.

Das wird durch einen semantischen Taschenspielertrick erleichtert. „Deutsches Volk" hat nämlich eine doppelte Bedeutung, je nach Aspekt: einen juristischen und einen ethnischen. Der ethnische Volksbegriff soll neuerdings gegen die Menschenwürde verstoßen und darum verfassungsfeindlich sein.

Das Grundgesetz unterscheidet in Artikel 116 den juristischen Begriff des deutschen Staatsbürgers vom ethnischen des Volksdeutschen: „Deutscher im Sinne dieses Grundgesetzes ist vorbehaltlich anderweitiger gesetzlicher Regelung, wer die deutsche Staatsangehörigkeit besitzt oder als Flüchtling oder Vertriebener deutscher Volkszugehörigkeit oder als dessen Ehegatte oder Abkömmling in dem Gebiete des Deutschen Reiches nach dem Stande vom 31. Dezember 1937 Aufnahme gefunden hat."[1]

Bekanntlich gibt es im deutschen Staatsgebiet auch geringfügige Minderheiten wie Dänen, die nicht ethnisch deutsch sind. Indessen war die jüngere deutsche Geschichte von dem unerfüllten Bestreben erfüllt, auch die Deutschen jenseits unserer Staatsgrenzen einzuschließen. Während die Minderheit der Eider-Dänen ebenso unter Schutz steht wie der „indigene" Stamm aus dem Urwald, will man uns unser Deutschsein austreiben.

---

[1] Ebenso Verwaltungsgericht Magdeburg, Beschluß vom 7. März 2022 – 9 B 273/21 MD –, Rn. 54, BVerfG, U. v. 31.10.1990 – 2 BvF2/89 –.

Statt unser faktisch vorhandenes deutsche Volk sollen wir jetzt eine bestimmte Gesinnung lieben, denn diese ist angeblich die einzig richtige. Vor Jahren hatte man unter der Phrase des Verfassungspatriotismus schon einmal den gleichen Versuch gemacht. Der Müßiggang radikaler Soziologen und anderer unterbeschäftigter „Geisteswissenschaftler" gebiert regelmäßig solche Hirngespinste. Eines davon ist die Utopie einer multikulturellen Gesellschaft. Beschäftigt man den Geist „nicht mit einer bestimmten Aufgabe", wußte schon 1580 Michel de Montaigne, „die ihn zügelt und an die Kandare nimmt, jagt er bald im weiten Feld der Phantasie bald diesem nach, bald jenem. […] Kein Hirngespinst gibt es, kein Wahngebilde, das er in diesem Zustand der Erregung nicht hervorbrächte."[2] Dazu neigen besonders Theoretiker, die noch nie einen tatsächlichen zwischenmenschlichen Konflikt lösen oder wirkliche Arbeit leisten mußten. 1667 machte sich der große Rechtsgelehrte des Barock, Samuel von Pufendorf, mit den Worten über sie lustig: „Besonders befällt diese Krankheit die Männer im Dämmer der Studierstube, die im Bücherstaub der Scholastik aufgewachsen sind und einsam ihren Spekulationen nachhängen. Bei denen gilt als Todfeind, wer ihre Überzeugungen nicht als Orakelsprüche nimmt."[3] Zu diesen Todfeinden gehören alle Skeptiker, die Realität gegen Ideologie ins Feld führen und sich konkreten Menschen verantwortlich fühlen, nicht luftigen Ideen.

Klaus Kunze
Uslar, im Januar 2024

---

[2] Montaigne 1588 (1998), begonnen 1580, Kap.I, 8, S.19.
[3] Pufendorf 1667 (1992), S.249.

Warum sie das deutsche Volk abschaffen

2013 nahm Angela Merkel bei einer CDU-Wahlparty ihrem Generalsekretär Hermann Gröhe ein schwarz-rot-goldenes Fähnchen aus der Hand. Es sollte nicht mit aufs Bild. Das war kein Ausrutscher der Kanzlerin. Die Funktionärskaste der Union hat sich vom deutschen Volk verabschiedet. Sie macht sich dadurch koalitionskompatibel zu den notorischen Deutschlandhassern linker Parteien.

Wenn der Regierung ihr Volk nicht mehr paßt, hatte schon Berthold Brecht gespottet, könne sie es ja auflösen und sich ein neues auswählen. Diese grausige Satire ist heute Realität und Regierungspolitik. Dabei geht es nicht etwa um das juristische Staatsvolk. Aufgelöst wird heute dasjenige deutsche Volk, das sich 1949 das Grundgesetz als Verfassung gegeben hat. Das deutsche Volk war schon vor seiner Verfassung da.

Es soll sie nicht überleben, so lautet der Plan. Wer das deutsche Volk als ethnische Größe erhalten möchte, setzt sich nach Ansicht regierungsamtlicher Verfassungsschützer und Gerichte bereits dem absurden Verdacht aus, ein Verfassungsfeind zu sein. So urteilte das Berliner Oberverwaltungsgericht: „Der Forderung nach dem Erhalt des deutschen Volkes in seiner ethnokulturellen Identität (sog. Ethnopluralismus)[4] liegt der Sache nach ein völkischabstammungsmäßiger-Volksbegriff zu Grunde. Ein solcher Volksbegriff verstößt gegen die Menschenwürde, denn

---

[4] Anm. d. Verf.: Das ist falsch. Ethnopluralismus ist die Forderung, alle (Plural!) gewachsenen Ethnien möglichst zu erhalten, vgl. im einzelnen K.Kunze, Identität oder Egalität (2020), S.148 f., ders.: Geheimsache Polizeiprozesse (1998), S.170 ff, vgl. aber BVerfG, Urteil vom 17.1.2017 – 2 BvB 1/13 –, BVerfGE 144, 20-369, Rn. 635. zum kollektivistischen und darum verfassungswidrigen Konzept der Volksgemeinschaft.

Art 1 Abs. 1 GG umfaßt die prinzipielle Gleichheit aller Menschen, ungeachtet aller tatsächlich bestehenden Unterschiede."[5]

Was man sich an Stammtischen der Union gar nicht vorstellen kann, löst bei Grünen und anderen Linksextremisten Sehnsüchte aus. „Deutschland verrecke!" schreibt man da zuweilen auf Häuserwände oder Fahnen, unter denen auch Grüne, Gewerkschaftler, Sozialdemokraten und andere „Antifaschisten" mitmarschieren. Der deutsche Michel in seiner Stammtischvariante von der Unionsbasis merkt nicht, was geschieht. Es geschieht nämlich zu langsam für sein Wahrnehmungsvermögen.

Dabei ist die Transformierung des deutschen Volkes in eine multikulturelle Bevölkerung in vollem Gange. Sie vollzieht sich im Takt der Generationenwechsel. Die störenden „alten weißen Männer" sterben weg und werden durch buntgemischten Nachzug ersetzt. Weil ein Rest- oder Kernbestand an Deutschen aber durchaus noch vorhanden ist, genügt der Volksschwund nicht zur Abschaffung der Deutschen.

Linke Kosmopoliten wollen das deutsche Volk darum zunächst geistig und dann biologisch beseitigen: Der Linksextremismus ist siegessicher genug, dieses mittlerweile offen einzuräumen: „Viele glauben, es sei im Kampf gegen den völkischen Nationalismus und Rassismus der beste Weg, die Begriffe „Volk" und „Rasse" theoretisch zu dekonstruieren. Ich glaube, es ist noch wirkungsvoller, Volk und Rasse praktisch durch eine fröhliche Völkermischung aufzulösen. Jene „liebevolle Verschmelzung der Nationen", von der schon der Philosoph Friedrich Schlegel träumte, vollzieht sich von ganz

---

[5] Oberverwaltungsgericht Berlin-Brandenburg, Beschluß vom 23.6. 2021 – OVG 1 N 96/20 –.

allein, wenn die Staaten nicht mit Verboten dazwischenhauen. Sie wird in Deutschland von den Völkischen zur Zeit besonders gerne als „Volkstod" bezeichnet. Der „Volkstod" ist der ewige Albtraum der Rassisten – sehen wir zu, daß dieser Traum wahr wird! Machen wir alle Grenzen durchlässig, so daß die Kinderlein zu- und miteinander kommen können! Jene „durchmischte und durchraßte Gesellschaft", die den jungen Edmund Stoiber in Angst und Schrecken versetzte, die brauchen wir!"[6]

---

[6] Bittner 12.3.2015.

Der Rechtsbegriff soll das Volk zerstören helfen

Die „theoretische Dekonstruktion" besteht darin, die tragenden Elemente der Idee zu zerstören, es gebe ein Volk. Es soll durch eine zusammenhanglose „Gesellschaft" ersetzt werden. Das strategische Ziel der Abschaffer besteht aber nicht nur in einer biologischen Endlösung der deutschen Frage. Sie beginnt damit, daß wir uns nicht mehr als deutsches Volk verstehen. Das Ziel soll erreicht werden, indem der ethnische Begriff des deutschen Volkes abgeschafft und durch den reinen Rechtsbegriff der deutschen Staatsbürgerschaft ersetzt werden soll. Es soll nicht mehr zählen, daß wir dem deutschen Volk zugehören, sondern nur noch, daß wir dem Staat angehören. Das OVG Berlin reduziert unser Deutschsein auf die Staatsangehörigkeit und geht so vor:

„Das Verwaltungsgericht ist der auf Murswiek (Verfassungsschutz und Demokratie, S. 168 f.) zurückgehenden These, daß die politische Forderung nach dem Erhalt der ethnokulturellen Identität des Deutschen Volkes erst dann verfassungswidrig sei, wenn sie die rechtliche Ausgrenzung und Diskriminierung deutscher Staatsangehöriger anderer ethnischer Zugehörigkeit bedeute, zu Recht nicht gefolgt; denn völkisch-abstammungsmäßige und rassistische Kriterien verstoßen auch dann gegen Art. 1 Abs. 1 GG und Art. 3 Abs. 3 Satz 1 GG, wenn sie nicht absolut gelten und es Ausnahmen geben soll[7]."[8]

---

[7] (vgl. Senatsbeschlüsse vom 19. Juni 2020 – OVG 1 S 55/20 u.a. – juris Rn. 37 a.E. zur „JA" sowie vom selben Tage – OVG 1 S 56/20 – juris Rn. 38 zum sog. „Flügel")

[8] Oberverwaltungsgericht Berlin-Brandenburg, Beschluß vom 23.6. 2021 – OVG 1 N 96/20 –, Rn. 13.

Das Gericht übersieht dabei, daß das deutsche Volk, egal wie man den Begriff auffaßt, ein Recht auf Wahrung seiner kollektiven Identität hat. Der Göttinger Verfassungsrechtler Ferdinand Weber mahnt darum: „Kultur ist Voraussetzung für die Realisierung personaler Autonomie und ein elementarer Bestandteil personaler Identität, aber nur durch intersubjektive Beziehungen entfaltbar. Der gleichwertige Schutz schließt deshalb einen assimilatorischen Kulturnationalismus ebenso aus wie einen radikalen Multikulturalismus, also eine komplette Anerkennung der Migrantenkultur(en), insbesondere in ihren gesellschaftspolitischen Implikationen. Eine demokratische Entscheidung ist jedoch nicht nur Ausdruck einer numerischen Mehrheit, sondern ruht als kollektives Recht auf den Ausdruck kultureller Identität auf einer ebenso schutzwürdigen normativen Basis und verwirklicht sich im Gegensatz zu Einwandererkulturen originär in der politischen Aufnahmegemeinschaft."[9]

Sie besagt, daß das Volk politisch entscheiden darf, wen es als Staatsbürger aufnimmt. Dazu gibt es sich Gesetze, soweit die Theorie. Zugleich schließt sie eine Entmündigung des Mehrheitswillens durch „freie Einwanderung für alle" aus. Diese ist Ziel eines ideologischen Multikulturalismus, der vor 40 Jahren als linksextreme Minderheitenposition begann und nach der Machtergreifung seiner Anhänger zur neuen Staatsräson geworden ist.

Die bisherige relative Übereinstimmung der Bürger in ethnisch-kultureller Hinsicht soll beseitigt werden. Sie fußt auf dem für jeden Staat erforderlichen Gefühl der Zusammengehörigkeit, betonen die Verfassungsrechtler Weber

---

[9] Weber (2018) S.411 f.

und Depenheuer.[10] Worauf diese Zusammengehörigkeit oder Homogenität beruht, ist die spannende Frage.

Den Begriff der relativen Homogenität dessen, was uns als Staatsvolk verbindet, dürfen wir einem Urteil des Bundesverfassungsgerichts entnehmen: Die europäischen „Staaten bedürfen hinreichend bedeutsamer eigener Aufgabenfelder, auf denen sich das jeweilige Staatsvolk in einem von ihm legitimierten und gesteuerten Prozeß politischer Willensbildung entfalten und artikulieren kann, um so dem, was es – relativ homogen – geistig, sozial und politisch verbindet, rechtlichen Ausdruck zu geben."[11] Diese relative Homogenität rechtfertigt es, von einem Volk und einem Staat des Volkes zu sprechen. Eine multikulturelle Gesellschaft ist hingegen etwas gänzlich Andersartiges. Wenn das Volk, das sich einen Staat gebildet hat, nach einem schleichenden Ersetzungsprozeß durch Fremde nicht mehr als Volk existiert, rechtfertigt nichts mehr den Begriff „Staat des Volkes" – nicht dieses Volkes.

---

[10] Weber (2018) S.393, Depenheuer (2016) S.309, K.Kunze, Die solidarische Nation (2020), S.89 ff.
[11] BVerfGE 89, 155 (186) – Maastricht (B.v. 12.10.1993), 2 BvR 2134/92, 2 BvR 2159/92.

Was ist ein „Staat des Volkes"?

Das Wort Staat ist neuzeitlich. Richtungsweisend war die Schrift von Jean Bodin (1529-1596) *Six livres de la république*. Im Mittelpunkt seiner Staatslehre steht der Begriff der Souveränität. Sie ist die von nichts Höherem abgeleitete Herrschaftsmacht über ein bestimmtes Volk auf einem bestimmten Gebiet. In einer Demokratie liegt sie in Händen dieses Volkes. Darum lautet die Präambel des Grundgesetzes, es habe sich „Das Deutsche Volk kraft seiner verfassungsgebenden Gewalt dieses Grundgesetz gegeben."

Darum ist unser Staat ein Staat des Volkes, unseres Volkes. Der Staat gehört uns, nicht wir dem Staat. Der Staat muß für uns da sein, nicht umgekehrt. Er ist kein Staat Gottes, auch nicht irgendeines Monarchen oder irgendwelcher Plutokraten. Wir sind das Volk und damit Schöpfer und Eigentümer dieses Staates. Wir alle sind dieser Staat.

Das hat höchst praktische und relevante Implikationen: Ein Staat des Volkes muß auch für das ganze Volk da sein, nicht nur für eine gesellschaftliche Gruppe. Das mag eine soziologisch beschreibbare Schicht sein wie Arbeiter, Unterschicht, Besserverdienende, Reiche oder Arbeitgeber. Will ein Staat ein Staat des ganzen Volkes sein, muß er diese Interessen in sich ausgleichen.

Wenn einzelne Grüppchen, Cliquen, Seilschaften oder Gesinnungsgenossenschaften unseren Staat usurpieren: Befreien wir ihn! Holen wir uns unseren Staat zurück!

Wenn er dem ganzen Volk verantwortlich ist, darf er seine Bürger nicht nach Gesinnung oder Abstammung sortieren. Er darf die Gläubigen keiner Religionsgemeinschaft oder Glaubenslose bevorzugen oder benachteiligen. Wenn ideologische Kader sich an den Schaltstellen der Macht festsetzen und die Handlungsarme des Staates wie Theaterpuppen nach der Melodie ihrer Ideologie tanzen lassen, verraten sie den Staat, dem sie geschworen haben, das Wohl des deutschen Volkes zu mehren und Schaden von ihm zu wenden. Sie sind dann nicht besser als jene römischen Konsuln, denen der Senat eine Provinz nur auf ein Jahr überlassen hatte und die in diesem Amtsjahr nichts zu tun hatten, als sich die Taschen zu füllen. Heute müssen die staatsbürgerlichen Rechte und Pflichten unabhängig von Meinungen oder Weltanschauungen gewährleistet sein. Statt dessen füllen Regierungsparteien die Taschen ihrer Genossen mit „Staatsknete" und verhöhnen zugleich ihre Kritiker, diese würden „den Staat delegitimieren".

Auch absolutistische Monarchien des Barock hatten für sich in Anspruch genommen, das Beste für das Volk anzustreben. Dieses hatte allerdings nicht viel zu sagen. Im Zweifel bestimmte der Fürst sogar darüber, welche Konfession seine Untertanen annehmen mußten.

In einem demokratischen Staat dagegen bildet sich der politische Wille nicht von der Obrigkeit abwärts zum Volk hin, sondern vom Volk zu den Staatsorganen. Das ist ein zentraler Grundsatz unserer Verfassung. Er verbietet dem Staat eine eigene religiöse oder ideologische Positionierung. Seine Organe sollen allen Anschauungen gegenüber neutral sein, jedenfalls der Idee nach. Wer den Staat nach demokratischen Wahlen vier Jahre lang regieren darf, hat nicht das Recht, seine Parteiideologie zur neuen Staatsdoktrin zu erheben.

Natürlich beruht auch ein Staat des Volkes auf ideologischen Vorentscheidungen, die seine Bürger respektieren, nicht aber glauben müssen. Zu diesen Vorentscheidungen gehören die Verfassungsentscheidungen zu den Grundsätzen der Demokratie, der Rechtsstaatlichkeit, der Sozialstaatlichkeit, den Menschenrechten und andere. Das macht unseren Staat aber noch nicht zu einem Gesinnungsstaat. Es ist nämlich nur der Staat selbst in seinen Funktionen an sie gebunden. Die in den Verfassungsprinzipien zutage tretenden ideologischen Wertentscheidungen muß aber kein Bürger für sich teilen: „Die Bürger sind rechtlich nicht gehalten, die Wertsetzungen der Verfassung persönlich zu teilen. Das Grundgesetz baut zwar auf der Erwartung auf, daß die Bürger die allgemeinen Werte der Verfassung akzeptieren und verwirklichen, erzwingt die Werteloyalität aber nicht. Die Bürger sind grundsätzlich auch frei, grundlegende Wertungen der Verfassung in Frage zu stellen oder die Änderung tragender Prinzipien zu fordern."[12]

---

[12] BVerfG, Beschluß vom 4.2.2010 – 1 BvR 369/04 –, Rn. 27, juris.

Was ist ein Gesinnungsstaat?

Ein alle Staatsfunktionen durchtränkender religiöser Glaube kennzeichnet islamische Gottesstaaten. Staatliche Gesetze sind den religiösen Vorschriften der Scharia untergeordnet und gelten nur im Sinne ihrer „rechtgläubigen" Auslegung durch ein paar auserwählte Mullahs. Solche islamischen Staaten sind beispielhafte Gesinnungsstaaten.

Es ist allerdings noch kein Hinweis auf einen Gesinnungsstaat, wenn seine Staatlichkeit aus weltanschaulichen Grundentscheidungen geboren wurde. Schon in der Gründung eines Staates drücken sich weltanschauliche Standpunkte aus, zum Beispiel, das Zusammenleben solle nicht durch Faustrecht geregelt werden, sondern durch Gesetze und Friedlichkeit. Ein Staat auf christlicher Grundlage mag durchaus die Karitas in seine Verfassung aufnehmen, also die mildtätige Fürsorge für Bedürftige. Sie steckt in unserem Sozialstaatsprinzip. Dadurch entsteht noch kein Gesinnungsstaat. Das wäre erst der Fall, wenn er alle Bürger zu bekehren suchte oder mit Hinweis auf christliche Prinzipien 100% alles Erarbeiteten „gerecht" umverteilen würde.

Die Grundentscheidungen unseres Staates hat das BVerfG so definiert: „So läßt sich die freiheitliche demokratische Grundordnung als eine Ordnung bestimmen, die unter Ausschluß jeglicher Gewalt- und Willkürherrschaft eine rechtsstaatliche Herrschaftsordnung auf der Grundlage der Selbstbestimmung des Volkes nach dem Willen der jeweiligen Mehrheit und der Freiheit und Gleichheit darstellt. Zu den grundlegenden Prinzipien dieser Ordnung sind mindestens zu rechnen: Die Achtung vor den im Grundgesetz konkretisierten Menschenrechten, vor allem vor dem Recht der Persönlichkeit auf Leben und freie Entfaltung, die Volkssouveränität, die Gewaltenteilung, die Verantwortlichkeit der Regierung, die Gesetzmäßigkeit der Verwaltung, die Unabhängigkeit der Gerichte, das Mehrparteienprinzip und die Chancengleichheit für alle politischen Parteien mit dem Recht auf verfassungsmäßige Bildung und Ausübung einer Opposition."[13] Dabei sollte das Recht jeder Person auf ihre freie Entfaltung bereits jede Form staatlicher Indoktrinierung oder staatlichen Gesinnungsdrucks ausschließen. Das Grundgesetz errichtete eine liberale Herrschaftsordnung auf Grundlage des liberalen Selbstverständnisses, keine Ideologie zu haben. In den Grundentscheidungen unserer Verfassung erweist sich das Gegenteil als richtig. Sie bildet gleichwohl die relativ am wenigsten in die Gesinnung des Einzelnen eingreifende Herrschaftsordnung. Eine verlockende Alternative zu ihr sehe ich weder historisch noch beim Blick über die Grenzen auf Despotien oder Priesterherrschaften.

In einem Gesinnungsstaat dagegen wird die richtige Gesinnung aller Bürger zum Maß aller Dinge, wie wir es in „Gottesstaaten" beobachten können. Im christlichen Abendland hatte die philosophische Aufklärung zu durchgreifenden Zweifeln geführt, ob es eine „waltende" Gottesperson gibt, die durch buchstäbliche Gebote unseren Alltag lenkt. Damit war aber der Gesinnungsstaatlichkeit keineswegs endgültig der Boden entzogen. Auf der Grundlage säkularisierter und umgedeuteter theologischer Vorstellungen etablierten sich moderne Gesinnungsstaaten.

Wie in religiösen Gottesstaaten erhoben ihre Ideologien den Anspruch, Sinn und Ziel menschlichen Daseins umfassend zu

---

[13] BVerfG Urteil vom 23.10.1952, E Bd.2 S.15 f., sog. SRP-Urteil.

erklären, für ihre Weltdeutung die Menschen total zu erfassen und notfalls zu zwingen. Das 20. Jahrhundert hat eine Reihe ideologisch totalitärer Staaten gesehen.

Solche Staaten finden sich mit der Verschiedenheit von Meinungen, Glauben und Anschauungen nicht ab. Sie suchen, sie zu vereinheitlichen. Um ihre Bürger von Kindesbeinen an ideologisch zu homogenisieren, mißtrauen sie den Elternhäusern und überlassen die Kinder lieber Kindergärten, ideologisch gesteuerten Schulen und gegebenenfalls Universitäten. Die Erwachsenen werden von den staatlich gelenkten Massenmedien indoktriniert, um sie im Sinne der gewünschten Ideologie umzuerziehen.

Wo immer Staaten sich im Griff von Ideologen befinden, suchen sie ihre Bevölkerungen zu homogenisieren. Unter den Nationalsozialisten suchte man das Volk rassisch und sozial zu vereinheitlichen, unter den Kommunisten sozial und ideologisch, in einem Gottesstaat im Glauben und allgemein in jedem Gesinnungsstaat ideologisch. Es kann auch mehreres zusammentreffen, denn „Gesinnungsstaat" ist der logische Oberbegriff über die drei zuvor genannten.

Allgemein geltende Gesetze legt man in Gesinnungsstaaten im Sinne der Staatsideologie aus. Ein Gesinnungsstrafrecht ist es nicht erst, wenn es für strafbar erklärt wird, eine bestimmte Gesinnung zu haben. Es liegt schon vor, wenn auf Taten umso schwerere Strafen folgen, je stärker sich ideologisch unerwünschte Gesinnung in ihnen manifestiert. Nach § 46 Absatz 2 unseres Strafgesetzbuchs sind bei der Höhe einer Strafe zu berücksichtigen „die Beweggründe und die Ziele des Täters, besonders auch rassistische, fremdenfeindliche, antisemitische oder sonstige menschenverachtende, (und) die

Gesinnung, die aus der Tat spricht." Darüber hinaus werden neue Straftatbestände geschaffen für Äußerungen, die gegen die herrschende Staatsdoktrin verstoßen, die sogenannte Wertordnung.

Diese muß man nicht glauben. Man ist aber nach der Rechtsprechung des BVerfG gesetzlich verpflichtet, die Gesetze nicht durch eine Handlung zu verletzen, in denen der Gesetzgeber sie ausprägt. „Art. 5 Abs. 1 und 2 GG garantiert die Meinungsfreiheit als Geistesfreiheit", erlaubt also „nicht den staatlichen Zugriff auf die Gesinnung". Er ermächtigt aber „dann zum Eingriff, wenn Meinungsäußerungen die rein geistige Sphäre des Für-richtig-Haltens verlassen und in Rechtsgutverletzungen oder erkennbar in Gefährdungslagen umschlagen."[14] Während also die Gesinnung von Verfassungs wegen nicht angetastet werden darf, kann man im Gefängnis landen, sobald man sie öffentlich äußert. Man muß dazu nur einen der zu diesem Zweck geschaffenen Tatbestände des politischen Strafrechts verletzen.[15]

Problematisch ist es, bei Zugangsbeschränkungen zu öffentlichen Ämtern eine Grenze zu ziehen zwischen gesinnungsstaatlichen und sachlich gerechtfertigten. „Jeder Deutsche hat nach seiner Eignung, Befähigung und fachlichen Leistung gleichen Zugang zu jedem öffentlichen Amte. Der Genuß bürgerlicher und staatsbürgerlicher Rechte, die Zulassung zu öffentlichen Ämtern sowie die im öffentlichen Dienste erworbenen Rechte sind unabhängig von dem religiösen Bekenntnis. Niemandem darf aus seiner Zugehörigkeit

---

[14] BVerfG, vom Verfasser erwirkter stattgebender Beschluß vom 22.6.2018 – 1 BvR 2083/15 –. https://www.bundesverfassungsgericht.de/SharedDocs/Entscheidungen/DE/2018/06/rk20180622_1bvr208315.html.

[15] Insbesondere §§ 80a, 85, 86. 86a, 90, 90a, 90b, 90c, 130, 188, 192a StGB.

oder Nichtzugehörigkeit zu einem Bekenntnisse oder einer Weltanschauung ein Nachteil erwachsen" (Art. 33 GG). Eine religiöse oder weltanschauliche (ideologische) Gesinnung allein, gleichgültig welche, darf darum kein Einstellungshemmnis sein. Beinhaltet diese Gesinnung aber eine Feindschaft gegen unseren Verfassungsstaat selbst, kann man nicht gleichzeitig ihm dienen und ihn bekämpfen. Zum Kern dieser auch einem Anwärter für das Beamtenverhältnis obliegenden Pflicht gehört die politische Treuepflicht, nämlich die Pflicht zur Bereitschaft, sich mit der Idee des Staates, mit der freiheitlichen demokratischen, rechts- und sozialstaatlichen Ordnung dieses Staates zu identifizieren. Zwar schließt dies nicht aus, an Erscheinungen des Staates Kritik üben zu dürfen und für Änderungen der bestehenden Verhältnisse im Rahmen der Verfassung und mit den verfassungsrechtlich vorgesehenen Mitteln eintreten zu können, solange nicht dieser Staat und seine verfassungsmäßige Grundlage in Frage gestellt werden."[16]

Die Grenze zur Gesinnungsstaatlichkeit wird aber überschritten, wo regierende Parteien ihre ideologische Programmatik zur Verfassungsgrundlage erklären und das Grundgesetz als Wundertüte benutzen, aus der sie nur ihre Parteidoktrinen herauszaubern. Klar bekannte sich zu solchen Tricks im Namen des Landes Rheinland-Pfalz Prof. Friedhelm Hufen: Es komme darauf an, „normative Begriffe wie freiheitliche demokratische Grundordnung und Menschenwürde nicht statisch zu interpretieren."[17] Das „Hauptaugenmerk"

---

[16] Ständige Rechtsprechung, hier Verwaltungsgericht Darmstadt, Urteil vom 2.8.2007 – 1 E 1247/06 –, Rn. 26.

[17] Prof.Dr.Friedhelm Hufen, ord. Prof. f. öff. Recht an der Uni Mainz, hier: Schriftsatz vom 16.2.1998 an das VG Mainz, Antrag auf Zulassung der Berufung gegen das Urteil des VG Mainz vom 10.12.1997 7 K 102/94.Mz, S.16, vollständig dokumentiert von K.Kunze (1998).

sei „heute auf die Prinzipien des Minderheitenschutzes, der Toleranz" zu richten, „der Gleichheit aller Menschen und der Menschenwürde. Diese sind es vor allem, die auf ihre Gefährdung durch rechtsextremistische Gruppierungen hin zu untersuchen sind. Den sozialen Hintergrund bildet die heutige Verfassungswirklichkeit, in der Menschen unterschiedlicher Kulturen und Rassen, gegensätzlicher Auffassungen und Werte friedlich zusammenleben." Die „explizite Absage an das Zusammenleben von Kulturen" gefährdet nach Ansicht des Landes Rheinland-Pfalz die freiheitliche demokratische Grundordnung.[18] Mit anderen Worten: Die Forderung nach einer multikulturellen Gesellschaft mehrerer verschiedener Kulturen wird in das Grundgesetz nachträglich von Amts wegen hineininterpretiert. Wer diese Gesinnung nicht teilt, gilt als Verfassungsfeind. So gewinnt Gesinnungsstaatlichkeit unmerklich an Boden.

---

[18] So Prof. Dr. Friedhelm Hufen, Berufungsbegründung des Landes Rh.-Pfalz vom 6.8.1998 gegen Urteil des VG Mainz vom 10.12.97, OVG Koblenz -12 A 11774/98-, S.3 f.

Die historische Dimension des Geschehens

Um das Umschlagen eines Staates des Volkes in einen Gesinnungsstaat in seiner historischen Dimension richtig zu erfassen und zu analysieren, muß man das Entstehen und Vergehen von Völkern langfristig betrachten. Menschengruppen handelten und handeln nämlich nicht zwangsläufig nach den Regeln einer Abstammungsgemeinschaft, die dem Volksbegriff seit dem 19. Jahrhundert zugrundeliegt.

Es gibt auch andere Modelle. Sie bilden die Vorbilder für die derzeitige Transformation der Deutschen in eine Gesinnungsgemeinschaft. Solchen Kultgemeinschaften gehört nur der Rechtgläubige an. Oswald Spengler hatte vor hundert Jahren ausgiebig nachgewiesen, wie Völker entstanden und untergingen. Sie gingen gewöhnlich nicht durch Ausrottung unter, sondern durch Gesinnungsänderung, indem sie sich selbst nicht mehr als Volk verstanden haben. Aus übrig gebliebenen Bevölkerungsresten bildeten sich oft Kultgemeinschaften, wie etwa der Islam sich aus diversen Stammesresten machtvoll formierte. Auch die Vorgänger der germanischen Großstämme waren Kultgemeinschaften, nämlich der Ingwäonen, Istväonen und Herminonen.

Arnold Gehlen erkannte den Zusammenhang zwischen den antiken Großreichen wie im Hellenismus und dem Römischen Reich. Dieses ebnete Stammes- und Völkergrenzen ein. Zu seinem Zusammenhalt bedurfte es einer Art globalistischer Ersatzideologie. Sie relativierte die Bedeutung der urwüchsigen Volks- und Stammeszugehörigkeiten. Die Zeit der eigentümlichen Stämme war von Gallien bis Ägypten abgelaufen. Wie heute die Paßdeutschen, vermehrten sich die eingebürgerten Römer und übertrafen schließlich die ursprünglichen an Zahl. Die Endphase des Römischen Reiches sah entnationalisierte Bevölkerungen. Die wurzellosen Massen bildeten keine geschichtlichen Subjekte mehr.

Die Nachkommen der alten Völker und Stämme waren dabei keineswegs verschwunden. Ohne eigenen Staat, eigene Sprache, eigenen König und eigene Kultur war aber das Bewußtsein vergangen, unverbrüchlich zusammenzugehören. In ihren Städten vermischten sie sich. Zu kollektivem Handeln waren sie nicht mehr fähig. Statt dessen bildeten sich auf dem Boden des zerfallenden Römischen Reiches religiöse Kultgruppen heraus und stifteten neues Zusammengehörigkeitsgefühl. Spengler machte darauf aufmerksam, wie in den Ostländern des Mittelmeeres von einer Generation zur anderen „die antiken Nationen unvermerkt verloschen, während das magische Nationalgefühl sich immer mächtiger durchsetzte. Eine Nation magischen Stils ist die Gemeinschaft der Bekenner, der Verband aller, welche den rechten Weg zum Heil kennen und durch das *idjma*[19] dieses Glaubens innerlich verbunden sind."[20]

Bis heute gliedert sich der jetzt islamische Orient nicht in Kollektive, die sich als nationale Abstammungsgemeinschaft verstehen, sondern in teils verfeindete kultische Gemeinschaften.

---

[19] Übereinstimmende Meinung in Glaubensfragen, für den Islam (Seite „Idschmāʻ". In: Wikipedia –, Bearbeitungsstand: 5. Mai 2022)
[20] Oswald Spengler S.931.

Abwendung von der Nation

Oswald Spengler war seiner Zeit deutlich voraus, als er das konstruktive Element betonte, dessen eine funktionierende Nation bedarf. Lange vor dem heute modischen Konstruktivismus erkannte er, wo „das Volk" wohnt: im Kopf der Menschen nämlich, nicht im Blut. „Völker sind weder sprachliche noch politische noch zoologische, sondern seelische Einheiten,"[21] mit heutigen Begriffen: in den Köpfen konstruierte Gebilde. Es bedarf dabei umso weniger an geistiger „Konstruktion", je mehr reale Gemeinsamkeit bereits vorhanden ist, in erster Linie durch Verwandtschaft und gleiche Sprache. Je weniger solche realen Merkmale eine Bevölkerung aufweist, desto mehr ideeller Konstruktion bedarf sie. Den Dänen oder Isländern muß man nicht erst umständlich erklären, warum sie ein Volk sind, Bewohnern Belgiens oder der Schweiz umso mehr. Sie mußten erst durch Treue zu einer monarchischen Dynastie beziehungsweise einen Gründungsmythos miteinander verklammert werden.

Wir werden Zeugen eines Epochenwechsels, in dem das deutsche Volk aus unserer „Seele" und unserem Denken verschwinden soll. Begleitet von Masseneinwanderung und dem zahlenmäßigen Schrumpfen der Deutschen wird der sprachliche Begriff „Deutscher" auf die Staatsangehörigkeit verengt. Man will uns zwingen, einen Chinesen mit deutschem Paß als Deutschen zu bezeichnen, einen Südtiroler aber als Italiener. Daß eine Behörde in Ausübung hoheitlicher Gewalt nur vom formalrechtlichen Begriff ausgehen muß, versteht sich in einem Rechtsstaat von selbst. Darüber gehen unsere Staatsgewalt und ihre Massenmedien aber weit hinaus. Man

---

[21] Oswald Spengler S.923.

will das Gefühl landsmannschaftlicher Verbundenheit aus unseren Herzen tilgen, indem man unseren Sprachgebrauch manipuliert: Wer das Wort Deutscher im ethnischen Sinn verwendet oder gar im ethnisch deutschen Volk etwas Wertvolles und Erhaltenswertes sieht, wird zum Verfassungsfeind erklärt. Uns soll ein Sprachregime aufgezwungen werden, das unser Denken unmittelbar einschränkt. „Wer seine Sprache durchsetzt, ist eo ipso dabei, auch seine Denkinhalte wenigstens zum unumgänglichen Bezugspunkt einer auf soziale Wirksamkeit gerichteten Denkens überhaupt zu machen."[22]

Alle Gruppen und Kollektive existieren nur insoweit und auch nur solange, wie sie von den handelnden Gruppenmitgliedern als Kollektive tatsächlich wahrgenommen werden. Wenn die Einzelmitglieder der Gruppe aufhören, gruppenbezogen zu handeln, wenn der Wille, die Gruppe zu bilden und die Gruppe bestehen zu lassen, erlischt, dann erlischt die Gruppe überhaupt. Eine Familie kann sich durch Scheidung auflösen. Eine politische Partei kann durch Verbot aufgelöst werden. Auch die Mitglieder eines Volkes können ihr Volkstum vergessen. „Völker sind eben nicht Gedanken Gottes, sondern handelnde Kollektive von Einzelmenschen, die im Kollektiv handeln wollen und das tatsächlich tun. Wenn der Wille zu gemeinsamem Handeln und damit zur gemeinschaftlichen Existenz erlischt, endet das Volk überhaupt. Völker sind nicht Gedanken Gottes, sondern bilden sich aus dem gemeinsamen Handeln und dem Zusammengehörigkeitsgefühl vieler Menschen.[23]

---

[22] Panajotis Kondylis (1986), S.236.
[23] Klaus Kunze (1995), S.236 f.

Das zum Bewußtsein seiner selbst gekommene Volk bezeichnet die romanische Tradition als Nation: Nation sei ein tägliches Plebiszit. Ob eine „Nation als politische oder auch kulturelle Einheit erhalten bleibt, hängt nicht von irgendeiner unwandelbaren Substanz ab, die ihr innewohnen soll, sondern von den langfristigen Erfordernissen der planetarischen Lage, genauer: von der Art und Weise, wie die Akteure diese Erfordernisse begreifen und sich darauf einstellen."[24]

Menschen „begreifen" die Welt, indem sie diese „deuten", sich also eine Erklärung für das Funktionieren der Welt und ihrer Rolle in ihr ausdenken. Traditionell bildeten die Familien, Stämme und Völker einen festen Bestandteil dieser Vorstellungswelt. Man mußte sie nicht erfinden, sie waren seit unvordenklicher Zeit in der wirklichen Lebenwelt vorhanden. Man betrachtete sie als unhinterfragbare Bestandteile einer bestehenden Weltordnung. Schon die alten Germanen schrieben die Existenz einer solchen umfassenden Weltordnung ihren Göttern zu, welche diese dem chaotischen Walten der Frostriesen abgerungen hatten.

Für die Römer standen die kapitolinischen Götter für den Inbegriff ihrer sittlichen Ordnung. „Die Alten hatten eine gewisse, dunkle Ahnung von der Lebenskraft, die dem religiösen System innewohnt, und glaubten, daß keine Stadt erobert werden könne, bevor sie nicht von ihren nationalen Göttern verlassen sei. Daraus folgt, daß es in all den Kriegen zwischen Stadt und Stadt, zwischen Volk und Volk, zwischen Rasse und Rasse einen geistigen und religiösen Kampf gibt, der gleichen Schritt hält mit dem materiellen und politischen. [..] Rom stürzte, weil seine Götter stürzten; seine Herrschaft

---

[24] Panajotis Kondylis FAZ 26.10.1994.

endete, weil seine Theologie ein Ende nahm."[25] Das Ende einer Vorstellungswelt, einer Ideologie, kann das Ende eines Volkes bedeuten, wenn sich das Volk selbst nicht mehr wahrnimmt. Als charakteristisch für die Deutschen fand Hellmut Diwald schon 1978 in seiner „Geschichte der Deutschen", daß sie nicht mehr in der Lage sind, sich als Deutsche, als eigenes Volk mit eigentümlichen Merkmalen einzuschätzen,[26] sich eine begründete gesellschaftliche Form und politischen Nachdruck zu geben. Von solchen Leuten werden wir heute regiert. In ihrem oft pathologischen Selbsthaß zerstören sie bewußt die kulturelle, dann die politische und schließlich die ethnische Existenz des deutschen Volkes.

Wer einen Feind besiegen will, sollte ihm als erstes den Glauben an seine „Götter" nehmen. Das heißt: den Glauben an das komplexe System von Werten und Normen, an die eine Gemeinschaft glaubt und die zum Kern ihrer Identität gehört. So zerstört man mit den „Göttern" eines Volkes dessen Glauben an sich selbst. Er bildet den Kitt, der die Fugen einer Gesellschaft eigentlich zusammenhält, ganz ähnlich wie der „Sportsgeist" oder Mannschaftsgeist eine Fußballmannschaft beflügelt. Ohne gemeinsame Vorstellungen – wie „Jeder spielt für jeden" – wird sie im Endspiel untergehen.

Schon Heraklit hatte gewußt: Ein Volk solle um seinen „Nomos" kämpfen wie um seine Mauern. Die geistige Integrität einer Gruppe ist so wichtig wie seine physische. Dieser „Begriff umfaßt natürlich die Traditionen und Überlieferungen eines Verbandes ebenso wie seine Ehre, und ein Volk gewaltsam von seiner Geschichte abzutrennen oder zu entehren, bedeutet

---

[25] Donoso Cortes, S.10.
[26] Hellmut Diwald, S.123.

dasselbe, wie es zu töten."[27] In diesem Sinne bemerkte Arnold Gehlen zum Zusammenhang zwischen dem Anspruch einer Nation auf ihre eigene Moral und ihre Selbstbehauptung: „Es ist die bedeutendste geschichtliche Leistung einer Nation, sich überhaupt als eine so verfaßte geschichtliche Einheit zu halten, und den Deutschen ist sie nicht geglückt. Die Selbsterhaltung schließt die geistige Behauptung und das Bekenntnis einer Nation zu sich selbst vor aller Welt ebenso ein wie die Sicherheit im großpolitischen Sinne, und diese besteht in der Macht eines Volkes, den physischen wie den moralischen Angriff auf sich unmöglich zu machen."[28]

---

[27] Gehlen, S.185.
[28] Gehlen, S.103.

Epochenwechsel

Einer Familie und einem Volk anzugehören, empfand man früher als ethische Verpflichtung und es galt, beides zu schützen und zu bewahren. Wie jede Ideologie erzeugt auch die nationale ihre spezifischen Imperative: „Was auch immer werde, steh' zu deinem Volk!"

Diese Werte wurden vom neuen Multi-Kult zu Unwerten erklärt. Sie tilgen den Begriff des Volkes aus der Liste der verbindlichen Werte und schaffen damit jenen nationalen Imperativ ab, der unsere Nation zweihundert Jahre lang zusammengehalten hat, denn „die politisch brisante Frage lautet, ob konkrete Kollektive bereit sind, notfalls unter Aufbietung der dazu geeigneten Mythologeme, sich als Nation zu definieren und im Namen dieser Nation zu handeln, also zu leben und zu sterben.[29] Wie wirksam ein solcher Wille zum nationalen Selbsterhalt ist, sehen wir seit 2022 in der Ukraine.

Der Multi-Kult beantwortet diese Frage mit einem klaren Nein. Seine Metaphysik ist gänzlich anders. Seine heile Welt ist der Gesinnungsstaat. Er wacht mit seinem Verfassungsschutz darüber, ob die Bürger seinen Werten auch den gehörigen Respekt entgegenbringen. Er stellt es unter Strafe, zu „verharmlosen", was für ihn Inbegriff des Bösen ist. Er schafft Schwerpunktstaatsanwaltschaften gegen Anhänger nationaler Imperative und Wertvorstellungen. Solche Leute könnten nämlich die neuen Werte als Unwerte belächeln oder gar hassen und finden sich darum als „Haßkriminelle" verfolgt. Weil sie sich nicht mehr frei äußern dürfen und gehorchen müssen, wen sie lieben müssen und was sie hassen dürfen, werden sie in

---

[29] Panajotis Kondylis, Die Zukunft der Nation, FAZ 26.10.1994.

absehbarer Zeit ausgeketzert haben. Bürgerliche verstummen am schnellsten. Sie eignen sich nicht als Märtyrer.

Dabei ist „Gesinnungsstaat" kein verfassungsrechtlicher Begriff. Jede Gesellschaft kann sich zu einem Gesinnungsstaat formieren, zu dessen elementaren Wesen es gehört, die Bürger im Sinne einer homogenen Metaphysik zu formen. Diese kann sich, je nach Kulturzustand, in Form einer Religion, einer Werteordnung oder einer sonstigen Ideologie äußern. Wer von ihr abweicht, wird von den Wächtern der „einzig wahren Gesinnung" ausgegrenzt, beschimpft oder sonst stigmatisiert. Daß man in einem Gesinnungsstaat lebt, bemerkt man daran, daß „die richtige" Gesinnung zum ausschlaggebenden Kriterium dafür wird, ob man mit einem anderen Menschen ruhig diskutieren kann, oder ob man von ihm gemobbt, beleidigt und gehaßt wird.

Die Kulturrevolution der 1968er Linksextremisten hat rund 50 Jahre später zu ihrer Machtergreifung geführt. Zahlenmäßig in der Minderheit, zwingen sie der Mehrheitsgesellschaft einen Kulturkampf auf, der alle hergebrachten Werte zerstören und die verwurzelten Einstellungen der Deutschen umkrempeln soll. Er wird mit den Mitteln der Massenmedien, der moralisierenden Einschüchterung und jetzt auch der Regierung und Gesetzgebung geführt.

Vorbild der Kulturkämpfer war Mao Tse Tung: „Die Große Proletarische Kulturrevolution ist eine Revolution, die die Seelen der Menschen erfaßt hat. Sie trifft die grundsätzliche Position der Menschen, bestimmt ihre Weltanschauung, bestimmt den Weg, den sie bereits gegangen sind oder noch gehen werden, und erfaßt die gesamte Revolutiongeschichte Chinas. Dies ist die größte, in der Geschichte der Menschheit noch nie dagewesene Umwälzung der Gesellschaft. Sie wird eine ganze Generation von standhaften Kommunisten heranbilden."[30]

In meiner Schülerzeit kursierten kleine, rote „Mao-Bibeln", von Agitatoren kostenlos verteilt. Sie hetzten die junge Generation gegen die alte und ihre Wertvorstellungen auf. Die Aussaat war fruchtbar. Sie erfaßte „die Seelen", wie Mao forderte. Die „Seelen" verstand der Atheist Mao nicht wörtlich und nicht im religiösen Sinn, sondern als Metapher. Sie steht für die tiefsten, nicht weiter hinterfragten Grundanschauungen der Menschen von gutem und richtigem Zusammenleben. Sie werden überliefert und wie Wahrheiten geglaubt. Traditionell legen Gesellschaften sie ihren Göttern und deren Geboten in den Mund. Wer gegen die heiligsten Tabus oder göttliche Gebote verstößt, verläßt den gesellschaftlich akzeptierten Rahmen.

Dieser Rahmen wird nach Joseph P. Overton (1960-2003) auch als Meinungskorridor oder Overton-Rahmen bezeichnet: Als Overton-Fenster wird der Rahmen an Ideen bezeichnet, die im publizistischen Diskurs und in den Medien akzeptiert werden. Nach diesem Modell enthält dieses Fenster eine Reihe von moralischen Postulaten, die im aktuellen Klima der öffentlichen Meinung als politisch akzeptabel angesehen werden, und die ein Politiker empfehlen kann, ohne als zu extrem zu wirken, um ein öffentliches Amt zu erhalten oder zu behalten. Das Konzept wird auf der ganzen Welt angewandt, insbesondere von politischen Analytikern, zum Beispiel zur Evaluierung und Einschätzung von Sachverhalten.

---

[30] Mao Tse Tung, zit nach Changshan Li: Die chinesische Kulturrevolution (1966-1976) im Spiegel der deutschen und chinesischen wissenschaftlichen Literatur (1966-2008). Diss. Bonn 2010, urn:nbn:de:hbz:5-19812. S. 99 (Wikipedia).

Die aktuell vieldiskutierte Metapolitik besteht in dem Bestreben, diesen Rahmen zu verschieben, die eigene ideologische Position als einzig sagbare durchzusetzen und die gegnerische außerhalb zu plazieren. Mao hatte seine Kulturrevolution mit Gewalt und Terror durchgesetzt. Diese Gewalt stand den deutschen 68ern nicht zur Verfügung. Sie wählten darum den Weg des Kulturkampfes und gelangten nach einem langen Marsch durch die Institutionen jetzt an die Hebel der Staatsgewalt.

„Das Overton-Fenster ist also weniger der Bereich des ‚Sagbaren' selbst, sondern vielmehr der Bereich von Inhalten, die aus Sicht der richtigen Gesinnung als Argumente anerkannt und sachlich diskutiert werden. Liegt das Gesagte außerhalb, findet eine emotionale Abwehrreaktion statt, der Inhalt wird zwar rezipiert, doch kaum mehr wirklich diskutiert, vielmehr angewidert zurückgewiesen."[31] Die Grenzen des Overton-Fensters werden durch die vorherrschende moralische Gesinnung festgelegt.

Von entscheidender Bedeutung für das Herausbilden einer Gesinnung ist dabei die tägliche Berieselung der Menschen mit filmischen Vorbildern und Handlungsmustern, die sich am Bewußtsein vorbei, subkutan gewissermaßen, in die „Seelen" schmuggeln. Wer einem Staatsfernsehen ständig ausgesetzt ist, verliert nach und nach den Kontakt zu alternativen Zugängen zur Realität. Er interpretiert sie im Lichte der Ideologie, die ihm ständig eingeträufelt wird.

---

[31] „Nigromontanus", Kritik der Metapolitik, 8.7.2022, https://psychedelic-odin.de/kritik-der-metapolitik/, abgerufen am 31.8.2022.

Die Gemeinschaft der Rechtgläubigen

Der neue Multi-Kult weist bereits alle unangenehmen Begleiterscheinungen einer Kirche auf. Seine Gläubigen findet er weltweit, seine Ungläubigen aber auch vor seiner eigenen Haustür. Staatsangehörigkeiten und Volkszugehörigkeiten findet er unmaßgeblich: „Kein Mensch ist illegal!" Wie eine Kirche versteht er sich als – noch inoffizieller – Personenverband der Rechtgläubigen, geeint im Glauben an den guten Menschen an sich. Spengler hat solche Kultgemeinschaften als magische Nation bezeichnet. Die „magische Nation" verwirft die Abstammung als unterscheidendes Merkmal[32] und ersetzt diese durch ein Bekenntnis. Sie fällt „mit dem Begriff der Kirche schlechthin zusammen."[33]

Die Endlösung der deutschen Frage besteht darin, das Bewußtsein kollektiven Handelns als Volk zu zerstören. Anstelle des nationalen Imperativs soll ein moralischer treten: das kollektive Bekenntnis zu einer Wertegemeinschaft, einem Kult, einer Gemeinschaft der Bekenner, einer geschlossenen Ideologie. Ihre moderne Gottheit ist ein abstrakter *Mensch an sich*. Aus seiner Idee wird eine kohärente Werteordnung abgeleitet und ergeben sich die neuen Rituale wie Kniefälle und Kranzniederlegungen und neue Symbole wie die Regenbogenfahne.

Von Ideologien zerfressene oder eroberte Staaten erkennen wir äußerlich daran, daß die Symbole einer religiösen oder weltlichen Wahrheit die staatlichen verdrängen. So trat 1933 die Hakenkreuzfahne erst neben, dann über die Reichsfahne, trat in der DDR die rote Fahne neben die Staatsflagge und

---

[32] Oswald Spengler S.933.
[33] Oswald Spengler S.931.

wehten dieser Tage Regenbogenfahnen an öffentlichen Gebäuden. Die Anhänger solcher geschlossener Weltbilder sind unfähig, aus dem Gefängnis ihrer eigenen ideologischen Zwangsjacken auszubrechen und wollen uns allen welche überziehen. Wir dürfen sie nicht zu ihrem Nennwert nehmen. Jede solche Ideologie tritt im Namen „der Freiheit" auf.

Je nach Aspekt mag man die neue Gesinnungsgemeinschaft und ihre Gläubigen als Gutmenschen bezeichnen, als Moralisten oder auch als Ideologen. Ihr Kult trägt ethnologisch schon alle Merkmale einer Religion: einer „Zivilreligion". Dafür bedarf er keines personalen Gottes: Die Buddhisten haben auch keinen. Wie jede Religion kennt auch sie schon ihre Ungläubigen, ihre Ketzer, ihre Verworfenen. Diese teuflischen Unholde nennt sie Nazis.

Um kollektive Interessen in der Welt geltend zu machen, bedarf es nicht unbedingt der Organisationsform einer Nation. Erst in der Neuzeit begann es, „daß dieses oder jenes Kollektiv die Nation und ihre entsprechende Organisationsform als das beste Mittel begreift, um seine Interessen geltend zu machen, wobei freilich ökonomische Interessenpolitik sich wirksam mit nationalistischen Ideologien verbinden könnte. Erscheint wiederum die Nation überholt, so muß sich das Kollektiv erweitern und sich für eine andere Form von politischer Einheit entscheiden."[34]

Tonangebenden Leute zogen aus Deutschlands Zusammenbruch 1945 den Schluß, daß nationales Denken nicht geeignet war, ihre Interessen in der Welt zur Geltung zu bringen. Zielstrebig suchten sie Deutschland in einem

---

[34] Panajotis Kondylis, FAZ 26.10.1994.

supranationalen Europa und einer westlichen Wertegemeinschaft aufgehen zu lassen. Ihre Nachfolger vollenden die Auflösung, indem sie ein ethnisch deutsches Volk zu einer nicht mehr verfassungskonformen Zielsetzung erklären und es in eine multikulturelle Gesellschaft transformieren.

Im Lichte des neuen Multi-Kultus mit seiner Anbetung des Menschen-an-sich versteht sich die Innenpolitik als Ansiedlungs- und Umverteilungsinstrument, damit sich die Multis bei uns auch alle wohlfühlen; Außenpolitik aber zielt auf ideologische Expansion ab. Auf keiner Auslandsreise lassen unsere Außenminister sich entgehen, weltweit Beachtung der neuen ideologischen Prämissen „einzufordern", was dann auch gern mit Fördermillionen unterstützt wird.

Vorwärts in den Gottesstaat

In einem Gesinnungsstaat leben wir bereits. Was jemand gilt, wird von seiner Gesinnung abgelesen. Welcher gesellschaftliche Rang und Stellenwert ihm eingeräumt wird, hängt von seiner Glaubensstärke ab. Abweichler werden nicht geduldet. Sie werden abgekanzelt und gesellschaftlich geächtet. Die Mikrofone der öffentlichen Aufmerksamkeit bleiben für sie stumm.

Eine Reihe früherer Prominenter hat die Erfahrung machen müssen: Wer vom linksideologischen Pfad der Tugend auch nur um eine Formulierung abweicht, wird abgekanzelt, Bücher werden nicht gedruckt, Auftritte abgesagt. Wie ein Geächteter findet der einst anerkannte Prominente in der Medienöffentlichkeit nicht mehr statt. Michel de Montaigne hatte schon in den aufgeregten Zeiten der Konfessionsstreitigkeiten in Frankreich formuliert: Es falle ihm in Gesprächen selbst mit Freunden schwer, sich zurückzuhalten. Trotzdem müsse er sich der „so argwöhnischen wie knechtischen Vorsicht befleißigen", vor allem „heutzutage, wo man über Land und Leute nicht mehr reden kann, ohne sich zu gefährden oder zu lügen."[35]

Allzu leicht hätte er in die Mühlen der Justiz und des Fanatismus geraten können. Die Klingen des Strafrechts werden auch im angeblich freiesten Staat auf deutschem Boden wieder gewetzt. Konzerne wie VW entlassen Arbeiter, deren falsche Gesinnung auffällt. An Hauswänden prangen die Parolen und Gebote des neuen Glaubens.

---

[35] Montaigne, Buch III, 3., S.409.

Während sich die Aggressivität von Nationalstaaten zuweilen gegen andere Nationen oder Minderheiten im Innern wandte, steht dem der Gesinnungsstaat in nichts nach. Seine Außenpolitik richtet sich gegen Staaten Ungläubiger. Deren Regierungen nennt er Regime. Wenn sie sich nicht der Rechtgläubigkeit anpassen, setzt es „Sanktionen": die Methode der moralischen Kanonenbootpolitik.

Andere Länder mit anderen Göttern oder Kulten nennt der liberale Gesinnungsstaat gern „Gottesstaaten". Die haben zwar auch eine Gesinnung, aber die falsche. Sie huldigen auch, aber zum Beispiel Allah und nicht dem Menschen an sich. Nationalstaaten können friedlich nebeneinander koexistieren. Für jeden Gesinnungsstaat aber ist ein Staat mit anderer Gesinnung ein ewiges Ärgernis, beweist er doch die Relativität und Vergänglichkeit aller Gesinnungen. Gesinnungsstaaten sind nicht friedlich. Sie verwandeln nur die bisherigen Völkerkriege in Bürgerkriege und machen sie dadurch besonders gnadenlos.

Im Innern richtet sich der Verfolgungsdruck erbarmungslos gegen seine eigenen Ungläubigen: Er nennt sie Haßkriminelle oder Verfassungsfeinde. Auch an bunter Gesinnung kann man einheitlich sein. Solange ein Gesinnungsstaat ideologisch nicht in sich homogen ist, gibt er keine Ruhe. Diese Homogenität erzeugt er durch ein ausgeklügeltes System öffentlich-rechtlicher Meinungslenkung, dessen Kosten die Gelenkten selbst zu bezahlen haben, denn Verweigerern droht Gefängnis.

Während ein Nationalstaat sich demokratisch verfassen und umfassende Freiheitsrechte einräumen kann, sind diese dem Gesinnungsstaat wesensfremd. Als störende Elemente werden sie nach und nach hinweginterpretiert. Am Wortlaut des Gesetzes muß man nichts ändern. „Haß ist keine Meinung, sondern ein Verbrechen!", und was als Haß gilt, entscheiden unsere neuen Gesinnungswächter.

Der Nationalstaat kannte noch das Recht zur Auswanderung. Der Gesinnungsstaat aber tendiert zur Universalität. Vor ihm könnte es dereinst global nirgendwo mehr ein Entrinnen geben.

Die Bücherverbrennungen

Ein Staat sollte Gerechtigkeit gegen jedermann walten lassen, vor allem auch gegen seine Bürger, die sich von keiner Ideologie vereinnahmen lassen wollen. Daß ein solches Gemeinwesen sich in einen Gesinnungsstaat verwandelt hat, erkennen wir nicht unbedingt an seinen eigenen Proklamationen. Wenn er aber unter Freiheit nur noch die Freiheit derer mit der „richtigen Gesinnung" versteht, ist der Rubikon überschritten. Ein äußeres Indiz dafür sind Bücherverbrennungen.

Zu Zeiten des Kaisers Augustus wurden die Werke dessen Gegners und Geschichtsschreibers Labienus vom römischen Magistrat zum Scheiterhaufen verurteilt und verbrannt.[36] Im Jahre 352 verbot das Konzil von Nicäa das Buch „Thalia" des Arius, das daraufhin im Auftrag der christlichen Staatsgewalt verbrannt wurde.[37] Die Arianer hatten die Wesensgleichheit Gott Vaters mit dem Sohn Jesus als Irrlehre bezeichnet. Nach dem Beispiel der Christen von Ephesos aus der Apostelgeschichte (19. Vers, 18-20) wurden bis in die Neuzeit unzählige „nicht rechtgläubige Schriften" verbrannt.

---

[36] Montaigne, Buch II, 8, S.198 f., sowie https://de.wikipedia.org/wiki/Titus_Labienus_(Redner)

[37] P.Plank, Stichwort Zensur, Lexikon des Mittelalters, 1999, Sp.533.

Am 8.2.1600 verurteilte das „Heilige Offizium" den Priester und Philosophen Giordano Bruno als Ketzer. Außerdem wurden alle seine Schriften verboten, seine Werke sollten öffentlich zerrissen und verbrannt werden. Am 17.2.1600 wurde er selbst öffentlich verbrannt.

Der ordinierte Theologe Lucilio Vanini hatte bestritten, es gebe Gott und Teufel als Personen. Das hörten die Kirchenoberen ungern. Wenn Gott nur als schöpferisches Prinzip in allem lebendig ist und das Böse bloß eine natürliche menschliche Verhaltensweise, konnte es keine Sünde mehr geben und hätte niemand mehr auf die angeblich unfehlbare „Hauptverwaltung ewiger Wahrheiten" in Rom gehört. Vanini wurde gefangengesetzt, vor Gericht gestellt, verurteilt, seine Zunge herausgerissen, und schließlich wurde er mit seinem Werk[38] 1619 in Toulouse verbrannt.

Wer seine weltliche Macht siegreich errungen hatte, suchte sie zu allen Zeiten gern durch die Macht über den Glauben abzusichern. Die Liste der historischen Bücherverbrennungen der Internetplattform Wikipedia ist seitenlang und doch unvollständig. Nicht nur zu Zeiten der Inquisition gingen Verurteilung und Ermordung von Menschen Hand in Hand mit dem Verbrennen ihrer Schriften. 1933 brannten in Deutschland Bücher ebenso wie 1946 auf Befehl der Alliierten und in der DDR. Die Nationalsozialisten hatten 12.500 Bücher verboten. Danach waren Rechtsgrundlagen ein Befehl des Obersten Chefs der sowjetischen Militärverwaltung vom 15.9.1945 und für die vier Besatzungszonen der „Befehl Nr.4" des Kontrollrats vom 13.5.1946, die „Einziehung von Literatur und Werken nationalsozialistischen und militaristischen Charakters

---

[38] Fuhrmann (1800) S.102.

betreffend." 27.000 Buchtitel wurden verboten, darunter auch Titel von Ernst Jünger und Gottfried Benn, Sven Hedin und Friedrich Nietzsche, Ottfried Preussler und Ernst-Moritz Arndt. Millionen von Bänden wurden eingesammelt und vernichtet.[39]

Aus Sicht jeder Doktrin, also einer kohärenten Werteordnung, erscheint jede ihr entsprechende Aussage als wahr und jede ihr widersprechende als falsch. Wie sehr das für jede Herrschaftsideologie gilt, schilderte der katholische Theologe Donoso: „Die Freiheit in der Wahrheit ist ihr heilig, die im Irrtum ist ihr ebenso verabscheuungswürdig wie der Irrtum selbst; in ihren Augen ist der Irrtum ohne Rechte geboren und lebt ohne Rechte, und dies ist der Grund, weshalb sie ihm nachspürt, ihn verfolgt bis in die geheimsten Schlupfwinkel des menschlichen Geistes; weshalb sie ihn auszurotten sucht. Und diese ewige Illegitimität, diese ewige Nacktheit und Blöße des Irrtums ist sowohl ein religiöses als auch ein politisches Dogma. Zu allen Zeiten haben es alle irdischen Gewalten verkündet: Alle irdischen Gewalten haben das Prinzip, auf dem sie beruhen, der Diskussion entzogen; alle haben das diesem Prinzip entgegenstehende Prinzip Irrtum genannt und haben es jeder Legitimität und jeden Rechtes entkleidet."[40]

---

[39] von Leesen 1993.
[40] Juan Donoso Cortés 1851 (1989), S.22.

Der Feind in unserem Innern

Gilt das auch für unseren freiheitlichen Rechtsstaat? Niccolo Machiavelli hatte behauptet: „Wenn er außerhalb seiner Grenzen keinen Feind hätte, so würde er ihn im Innern finden. Dies scheint das unvermeidliche Schicksal aller größeren Freistaaten zu sein."[41] Carl Schmitt ging noch weiter: „In allen Staaten gibt es deshalb in irgendeiner Form" einen „inneren Feind".[42]

Die derzeitigen linken Regierungsparteien haben die Behörden angewiesen, woran sie diesen Feind erkennen: daß er „rechts" von ihnen steht, wo auch immer. So beteiligen sich Polizeibehörden, zuständig für die öffentliche Sicherheit und Ordnung, neuerdings an undifferenzierten Internetkampagnen „gegen Rechts". Daß jemand „rechts" sei, wird zum polizeilichen Problem erklärt. Durch sein Auskunftsersuchen nach § 51 des Niedersächsischen Datenschutzgesetzes fand ein Bürger 2021 heraus, daß er im polizeilichen Auskunftssystem NIVADIS als „Zielperson" gespeichert ist. Seit 2006 hätten an einer Örtlichkeit „bisher drei musikalische Veranstaltungen der „Rechten Szene" stattgefunden. Weiterhin ist zu „befürchten", so wörtlich, „daß sich die Örtlichkeit zu einem Treffpunkt der Rechten Szene entwickelt."[43]

Unsere Obrigkeit interessiert sich nicht nur für Musik, sondern auch für Schriften derer, die von ihr zum inneren Feind ausgerufen worden sind. Das Rechtsverständnis des Grundgesetzes besagt, mit Zensur solle es ein für allemal vorbei sein. Doch diese Verfassungsgrundsätze werden im „Kampf

---

[41] Machiavelli, Discorsi, II. Buch, 19. Kapitel, S.226.
[42] Schmitt, Der Begriff des Politischen (1932) S.46 f.
[43] Polizeiinspektion Göttingen, Vorgangsnummer 200601228120.

gegen Rechts" zunehmend aufgeweicht und relativiert. Dabei ist der einzelne Bürger völlig wehrlos dagegen, als „rechts" klassifiziert zu werden.

Wo ein echtes Problem steckt, erkennt man manchmal erst in der Überzeichnung. Sie ist keine Phantasie, keine Erfindung, sondern nur eine Extrapolation gegenwärtiger Ereignisse und ihre Projektion in eine mögliche Zukunft. Während die Augen der Zuschauer in der ersten Reihe verängstigt darauf schauen, wovor sie sich eben gerade ängstigen sollen, sind sie etwas abgelenkt. Da saß kein Reporter im Gerichtssaal, als das Amtsgericht Kassel just am Tag von Putins Einmarsch in die Ukraine einen Fernfahrer freisprach.[44]

Die Staatsanwaltschaft hatte den Mann angeklagt, ein Buch in seinen Besitz gebracht zu haben. Ein böses Buch wahrscheinlich. Ich kenne es selbst nicht, wie auch, wenn der Besitz riskant ist?

Doch in Deutschland genügt heute bereits der bloße Besitz eines Buches, um von einer Staatsanwaltschaft angeklagt zu werden. Die Anklage warf dem Mann vor, am 20. September 2017 eine Schrift bezogen zu haben, deren Inhalt gegen § 130 Abs.2 Nr.3 StGB in der Fassung von 2015[45] verstoßen haben sollte, um sie anderen zugänglich zu machen. „Sie handelten dabei in der Zielrichtung", behauptete die Anklageschrift vom 17.1.2022, „das Buch für sich oder Dritte u.a. dergestalt zu verwenden, daß dessen Inhalte aus weltanschaulichen Gründen studiert werden sollten." – Das Amtsgericht Kassel hat den

---

[44] AG Kassel Urteil vom 24.2.2022, 247 Cs 11622 Js 27422/21.
[45] Eine Schrift, die z.B. „die Menschenwürde von in Buchstabe a genannten Personen oder Personenmehrheiten dadurch angreift, daß diese beschimpft, böswillig verächtlich gemacht oder verleumdet werden."

Mann aber freigesprochen, weil es keinen Anhaltspunkt für diesen, anscheinend frei erfundenen Vorwurf gab. Aber was geschieht mit den tausenden beschlagnahmten Büchern, Schriften und Tonträgern, deren Besitzer schließlich verurteilt wurden? Verbrannt oder anderweit vernichtet werden sie, versteht sich, nur nicht in öffentlichem Ritual wie in offen totalitären Staaten.

Auch Bundesbehörden werden jetzt tatkräftig von legalen, aber mißliebigen Schriften gesäubert. Am 12.5.2022 gab das Arbeitsgericht Wiesbaden (5 Ca 6/22) rechtskräftig der Kündigungsschutzklage einer dort seit über 30 Jahren angestellten Büroangestellten des Bundeskriminalamts statt. Ihr wurde die Ungeheuerlichkeit vorgeworfen, auf dem Beistelltisch ihres Dienstzimmers hätten unter Küchenutensilien „rechte" Schriften „ausgelegen". Und eine karikierende Bildcollage Angela Merkels in Zwangsjacke inmitten weißkitteliger Pfleger: unglaublich!

Die Schriften entpuppten sich bei näherem Hinsehen als ein Werbeaufkleber des Magazins COMPACT von 2018 in der Größe von 7,3 cm x 10,5 cm, Vor- und Rückseite eines Werbezettels des PEGIDA Fördervereins auf den 21.10.2018 datiert, einen Zeitungsausschnitt mit einer Karikatur ‚Polit-Beben Thüringen', offenbar eine Annonce der AfD nebst Rückseite, und ein Stück Pappe von 14,8 cm x 5,6 cm mit den Worten MUT. WAHRHEIT. DEUTSCHLAND. Diese „Schriften" brachten unser Amt ins Schwitzen und offenbar in Rage. Sie seien mit den „Werten des Amtes" unvereinbar.

Nun ergeben sich die „Werte", an die unsere obersten Bundesbehörden gebunden sind, unmittelbar aus dem Grundgesetz. Sie sind mit seiner Wertordnung identisch. Das genügt dem Amt aber anscheinend nicht. Der WDR hatte am 12. März 2021 berichtet: „Seit wenigen Wochen gibt es im BKA nun einen Wertebeauftragen, der Maßnahmen entwickeln soll, um die „Resilienz der BKA-Beschäftigten gegen Extremismus und Diskriminierung" zu stärken. Das Amt habe schließlich eine „besondere Verantwortung für die Werte der freiheitlich-demokratischen Grundordnung", wie eine Sprecherin auf Anfrage mitteilte. Das Ziel solle daher sein, „gemeinsame Werte im Alltag des BKA zu manifestieren". Eine Arbeitsgruppe (AG) „Werte" hat sich in den vergangenen Jahren mit den Fragen beschäftigt, welches Selbstverständnis das BKA hat. Welche Werte sollen von den Mitarbeitern nach innen und nach außen vermittelt werden? Wo könnte falsch verstandener Korpsgeist auftreten? Welche Bereiche der Behörde sind möglicherweise besonders anfällig für eine problematische ‚Cop Culture', in der es oft an Kritik und Fehlerkultur mangelt?"[46]

Und so manifestierten sich denn jetzt die „Werte" des Amtes in der fristlosen Kündigung einer ordentlich unkündbaren Büroangestellten wegen des bloßen Besitzes „rechter Schriften".

Vielfach scheitert die Verfolgung von Bürgern, nur weil sie eine Schrift besitzen, an einer Richterschaft, die an Recht und Gesetz gebunden ist und nicht an die „Werte" staatlicher Ämter. Die Radikalisierung des Liberalismus schreitet indessen fort. Wer nicht die gewünschten „westlichen Werte" in der Auslegung unserer jeweils Regierenden vertritt, ist gefährdet. Ihre politischen Gegner werden zu Staatsfeinden erklärt. Wir haben auf dem Weg in den Gesinnungsstaat schon ein weites Stück zurückgelegt.

---

[46] Florian Flade, tagesschau.de 12.3.2021.

Gesinnungs-Kampf gegen rechts

In den totalitären Gesinnungsstaaten des 20. Jahrhunderts bemächtigten sich Parteien des Staates, schlossen andere von jeder Teilhabe aus und suchten das Volk im Sinne ihrer Ideologie umzuziehen. Einen demokratischen Staatsaufbau erkennen wir dagegen daran, daß der politische Wille frei vom Volk gebildet wird und die Staatsorgane lenkt. So regelt es Art.20 unseres Grundgesetzes. „In der Demokratie erfolgt die politische Willensbildung vom Volk zu den Staatsorganen und nicht umgekehrt.[47]"[48]

Es bildet ein sicheres Erkennungszeichen eines Gesinnungsstaates, daß er diese Willensbildung „von unten nach oben" umdreht. Er bekämpft dann von oben nach unten eine den Regierungsparteien mißliebige Richtung. Wenn der Staat Abermillionen Euro für einen „Kampf gegen rechts" ausgibt, verstößt er kraß gegen das Demokratieprinzip. Insbesondere schüttet er Unsummen auch an linksextremistische Vorfeldorganisationen aus, um diesen in ihrer Agitation „gegen rechts" beizustehen. Dabei geht es exemplarisch um ideologische Gegensteuerung, also um die weltanschauliche Umerziehung. So heißt es aus dem Bundesinnenministerium: „Verschwörungsideologien können mit ihrem antidemokratischen Populismus Türöffner für Rechtsextremismus sein. Durch gezielte Aufklärung und Beratung wollen wir dieser Gefahr entgegenwirken. Hierbei stehen die Verschwörungsideologien im Fokus, die sich gezielt gegen unsere freiheitliche demokratische Grundordnung richten."[49]

---

[47] Anm. des BVerfG: (vgl. BVerfGE 44, 125 <140>; 69, 315 <346>; 107, 339 <361>)
[48] BVerfG, Urteil vom 17. Januar 2017 – 2 BvB 1/13 –, BVerfGE 144, 20-369 (LT 1-9), Rn. 544.
[49] Faeser, Aktionsplan.

Hier sollen also als „antidemokratischer Populismus" bezeichnete politische „Theorien" ein „Türöffner für Rechtsextremismus" sein. Faesers ideologische Feinderklärungen beginnen mit einem Widerspruch in sich: „Unsere Demokratie muß wehrhaft sein – im Äußeren wie im Inneren. Sie muß die Feinde der offenen Gesellschaft klar benennen und bekämpfen." Eine Gesellschaft hört aber auf, offen zu sein, wenn sie jemanden zum „inneren Feind" erklärt. Faesers ideologische Vernichtungsphantasien sehen vor, „Netzwerke" zu „zerschlagen", Akteure zu „bekämpfen" und Strafverfolgung" zu „verstärken".

In ihrer Wut gegen die rechte Hälfte des Meinungsspektrums greift sie zu einem rhetorischen Trick: In dem von Ministeriumsjuristen durchgesehenen Text selbst ruft sie verbal nur zum „Kampf gegen Rechtsextremismus" auf und begründet diesen mit stattgefundenen Straftaten. Sie zieht aber vordergründig nicht gegen Straftaten und ihre Täter zu Felde, sondern nimmt diese zum Vorwand für einen Kreuzzug gegen „Rechtsextremismus", worunter sie und ihre medialen Gefolgsleute einhellig einen Kampf gegen jedwede Gesinnung verstehen, der sie ein rechtes Etikett anheften können. So hieß es auf der offiziellen Webseite ihrer SPD am 13.1.2022 unter der fetten Überschrift „Kampf gegen rechts": „Nancy Faeser macht Tempo: Bis Ostern will sie einen Aktionsplan vorlegen und zügig, gemeinsam mit dem Familienministerium, auch ein Demokratiefördergesetz auf den Weg bringen. […] Mit der neuen Regierung fallen jetzt aber die Bremsklötze ab – für den entschlossenen Kampf gegen rechts und eine fortschrittliche Gesellschaftspolitik. Endlich, so Faeser im Bundestag, könne man sagen: »Wir sind stolz darauf, daß wir ein vielfältiges Einwanderungsland sind.«"[50] Es geht hier im Kern darum, gegen den rechten Teil des politischen Spektrums zu hetzen und ihn einzuschüchtern, der die zu einem Einwanderungsland passende ideologische Gesinnung nicht hat.

Aus dem Ministerium heißt es weiter: „Krisen wie die Corona-Pandemie sind der Nährboden für Verschwörungserzählungen, die einfache Erklärungen und ‚Sündenböcke' bieten. Die sozialen Medien tragen zu ihrer ungefilterten Verbreitung bei; rechtsextreme Kräfte überführen Verschwörungserzählungen in ihre menschenverachtende Agenda. Hier besteht Handlungsbedarf. Schon heute werden bundesweit in Verantwortung der Bundeszentrale für politische Bildung mehr als 100 anerkannte Träger der politischen Bildungsarbeit gefördert. Sie sind auch in den gesellschaftlichen Krisen der Gegenwart verstärkt gefordert. Deshalb wollen wir zivilgesellschaftliche Akteure in ihrer Arbeit verstärkt unterstützen, um gemeinsam Verschwörungserzählungen vor Ort und im Netz aufzudecken und zu bekämpfen."

Der SPIEGEL hatte schon 1975 geschrieben, wer die „Kämpfer gegen rechts" an der Uni Marburg waren: Der Asta[51] „setzte in »Wahrnehmung des politischen Mandats« den »Kampf gegen rechts« auf sein Winterprogramm. [...] Zielstrebig und mit Erfolg betreibt die DKP schon seit Jahren politische Basisarbeit: Spartakisten kontrollieren den Asta, im Fachbereich Gesellschaftswissenschaften beherrschen sowjet-orthodoxe Marxisten die Lehre."[52] Kampf gegen rechts? Das kennen wir doch. Diese Leute und ihre Genossen sitzen heute

---

[50] https://www.spd.de/aktuelles/detail/news/aktionsplan-gegen-rechts/13/01/2022/, abgerufen am 15.8.2022.
[51] Allgemeiner Studentenausschuß, Selbstverwaltung der Studenten.
[52] DER SPIEGEL 1.12.1975, https://www.spiegel.de/spiegel/print/d-41392696.html.

in der Regierung und in den Staatsmedien, von wo aus sie ihren „Kampf gegen Rechts" mit „Staatsknete" weiterführen.

Die „zivilgesellschaftlichen Akteure" sind die Gesinnungsgenossen der stramm linken Ministerin, die auch schon gerne mal in einem Antifa-Magazin publiziert. Sie betreibt hier klassische Meinungsbildung von oben nach unten. Ihre geistige Welt ist ein Gesinnungsstaat und ihr Handeln verfassungswidrig. Das BVerfG hatte geurteilt: „Im Wahlakt muß sich – dieser Sinn ist in Art 20 Abs. 2 GG angelegt – die Willensbildung vom Volk zu den Staatsorganen hin vollziehen, nicht umgekehrt von den Staatsorganen zum Volk hin. So sehr von dem Verhalten der Staatsorgane Wirkungen auf die Meinungsbildung und Willensbildung des Wählers ausgehen und dieses Verhalten selbst mit Gegenstand des Urteils des Wählers ist, so sehr ist es den Staatsorganen in amtlicher Funktion verwehrt, durch besondere Maßnahmen darüber hinaus auf die Willensbildung des Volkes bei Wahlen einzuwirken, um dadurch Herrschaftsmacht in Staatsorganen zu erhalten oder zu verändern. Es ist ihnen von Verfassungs wegen versagt, sich als Staatsorgane im Hinblick auf Wahlen mit politischen Parteien oder Wahlbewerbern zu identifizieren und sie unter Einsatz staatlicher Mittel zu unterstützen oder zu bekämpfen, insbesondere durch Werbung die Entscheidung des Wählers zu beeinflussen."[53]

Halten die stramm linken Politsoldaten einmal die Schaltstellen der Regierungsmacht in Händen, lassen sie ihre Masken fallen und pfeifen auf die Rechtsprechung des Verfassungsgerichts. In der Epoche des Staatsabsolutismus hatte Ludwig XIV. (1638-1715) formuliert: *„L'état c'est*

---

[53] BVerfG, Urteil vom 2.3.1977 – 2 BvE 1/76 –, BVerfGE 44, 125-197, Rn. 49.

moi" („Der Staat bin ich"). Seit Jahrzehnten fühlen unsere Regierungsparteien sich so, als seien sie der Staat und nicht bloß eine Partei, die ihn gerade regiert. Wie jede zur Macht gelangte Gruppe neigen sie dazu, sich nach außen für das Allgemeine ausgeben[54] und mit dem Staat identifizieren. Die Identifizierung von Staat bzw. Regierung und Parteien bedeutet aber schon begrifflich den reinen Parteienstaat.[55] Er hat uns einen gesellschaftlichen Absolutismus eingebracht, der uns ebenso entmündigen kann wie der frühere Staatsabsolutismus. Wer der Feind ist und wo er steht, wird obrigkeitlich entschieden.

---

[54] Jacob Burckhardt, Weltgeschichtliche Betrachtungen, S.37.
[55] Vierhaus S.472, Peter Häberle, Juristenzeitung 1977, 361 (362).

Freiheit im Zangengriff

Unsere Gedankenfreiheit befindet sich in einem ideologischen Zangengriff von zwei Seiten her: der linksextremistischen wie auch der liberalen Ideologie. Sie sind heute zu einem linksliberalen Amalgam verschmolzen. Daß ihre Grundprämissen sich teilweise widersprechen, fällt kaum noch auf. Das Publikum hat vor lauter moralintriefenden Sprechblasen verlernt, analytisch zu denken. Stringente Argumentation erwartet es nicht mehr, belohnt sie nicht und vermag sie oft auch geistig nicht mehr zu verarbeiten.

Zum Weltbild des Liberalismus hatte bis ins 19. Jahrhundert die Idee gehört, es gebe keine feststehende Wahrheit. Was als Ersatz für sie gelten dürfe, müsse sich aus freier Diskussion aller Diskutanten und aller Standpunkte ergeben. Diese Utopie galt den Liberalen als Inbegriff ihrer Freiheit. Gefährdet wurde sie im 20. Jahrhundert durch die paradoxe Antwort auf die Frage: Was geschieht mit jenen, die an den Sinn einer Diskussion nicht glauben, weil sie ihre Wahrheit schon gefunden zu haben glauben? – „Keine Freiheit für die Feinde der Freiheit!", lautete die offene Paradoxie der liberalen Antwort.

Sie öffnete linksextremen Ideologen eine Hintertür, die ihrerseits kein bißchen liberal sind. Wer „die Freiheit" und wer ihre „Feinde" jeweils sind, bedarf nämlich inhaltlicher Maßstäbe. Unterlegt man den Begriff Freiheit mit linken Wertvorstellungen, kann man nicht nur notorischen Feinden jeder Diskussionskultur ihre Freiheit absprechen, wie etwa fundamentalistischen Moslems. Zum Feind „der Freiheit" läßt sich mit semantischen Taschenspielertricks jeder Kritiker des linken Weltbildes erklären. Sind nicht „Feinde der Freiheit" jene, die der Freiheit aller „Migranten" kritisch gegenüberstehen, in unser Land zu kommen? Sind womöglich „Feinde der Freiheit" alle, die nicht jeden bunten Traum wie „Befreiung von Diskriminierung", Freiheit von „Armut" für alle und ähnliche Wunschbilder mitträumen?

Der parteipolitische Liberalismus ist in einem aggressiven Linksliberalismus aufgegangen, der allenfalls noch aufmuckt, wenn es seinen Wählern an den Geldbeutel geht. Während Staat und Institutionen der Bundesrepublik klassisch liberalem Geist entspringen, hat dieser Geist als eigenständige, früher freiheitliche ideologische Position sich verflüchtigt und verflüssigt in einem roten Meer linksmoralischen Gutmenschentums.

Auf jede kritische Stimme reagiert es mit heftigen Abwehrreflexen, wenn diese eine pragmatische Politik zugunsten unserer nationalen Interessen fordert. Sie besteht in rigider Ausgrenzung aller Personen, deren Argumente nicht ideologisch sind, sondern pragmatisch, nicht moralisch, sondern von unseren Eigeninteressen geleitet, nicht multikultisch, sondern national. Alles, was rechts von ganz links steht, gilt jetzt als rechts. Man lädt „Rechte" nicht in Talkshows ein, verbreitet ihre Positionen nicht in den Staatsmedien, zitiert ihre Schriften nicht und verdächtigt sie permanent des „Extremismus", wenn nicht gar finsterer Mordabsichten. Sie stehen unter Generalverdacht, und um die Menschen nicht mit ihren Ideen zu „kontaminieren", etabliert man eine umfassende Weltanschauungskontrolle:

Die staatliche Weltanschauungskontrolle

Der zunehmend zum totalitären Gesinnungsdruck übergehende Linksliberalismus beurteilt den Menschen nicht mehr danach, was er tut, sondern danach, was er denkt, sagt oder schreibt.[56] „Der Eifer unserer Gesinnungs-, Weltanschauungs- und Sektenbeauftragten, unserer Groß- und Kleininquisitoren und Wächter über ‚political correctness' ist zu einer ernsten Bedrohung unserer Freiheit geworden."[57] Während die Gesetzesordnung so weitmaschig und liberal gehandhabt wird, daß kein *Verhalten* mehr verboten werden kann, muß er sich als Ersatzlösung der *Gesinnung* seiner Bürger versichern. Das Verhalten ist nur noch der formale Anknüpfungspunkt, um „verfassungsfreundliche oder -feindliche" Gesinnung herauszufinden, auf die es ihm entscheidend ankommt.[58] Der Verfassungsrechtler Martin Kriele sieht eine „neue Tendenz" zur „staatlichen Weltanschauungskontrolle […]. Die aufgeklärte Weltanschauung, […] beansprucht jetzt, da sie mehrheitlich akzeptiert ist, den Alleinherrschaftsanspruch."[59]

Ein Staat kann seine ordnungsstiftende und befriedende Funktion nur ausfüllen, wenn er tatsächlich neutral und nicht von Ideologen von innen heraus erobert ist. „Wo ein Teil der Bürger in einem Teil der anderen aus welchen Gründen auch immer nicht ‚Rechtsgenossen', sondern Feinde erblickt," erkennt der Rechtsphilosoph Braun, „an deren loyaler Gesinnung man zweifeln muß, dient das Recht in der Sicht der beiden Kontrahenten weniger dem Schutz der eigenen Person; es schützt und erhält vielmehr zunächst den ‚Feind' und

---

[56] Mohler, Liberalenbeschimpfung, S.133.
[57] Martin Kriele, Leserbrief in der FAZ 4.5.1994.
[58] Böckenförde, Staat, Verfassung, Demokratie, S.284.
[59] Martin Kriele, FAZ 6.4.1994.

verdient daher, selbst bekämpft zu werden. [...] Es erscheint nunmehr als Schutzschild und Waffe des jeweiligen Gegners." In Händen der Parteien, die an den Schalthebeln des Staats sitzen, wird es dann zwar bewußt mißbraucht, aber moralisch hoch erhobenen Hauptes; und die andere Seite wird bald einem Recht die Loyalität verweigern, das zu offenkundig nur als Kampfinstrument zu ihrer Niederhaltung eingesetzt wird – und sie wird ihre eigene Moral behaupten. Die formelle Akzeptanz des Rechts setzt nämlich voraus, daß alle Normadressaten den uneingeschränkten Schutz der anderen auch wirklich wollen.[60]

Genau das meinte Rousseau, wenn er schrieb: „Es ist unmöglich, mit Leuten, die man für verdammt hält, in Frieden zu leben."[61] „Der eigentliche ‚Feind' ist daher nicht der Kriminelle, der einzelne Regeln bricht, das System als solches aber akzeptiert, sondern der Ketzer und Revolutionär, der untergeordnete Regeln durchaus unangetastet läßt, jedoch das soziale System in seinem Zentralpunkt angreift, indem er seine Sinnhaftigkeit anzweifelt."[62]

In der Geschichte der Neuzeit gibt es zwei gegenläufige Traditionsstränge. Der eine knüpfte an das Mittelalter an, welches dem Ketzer oder vom Glauben Abgefallenen kein Lebensrecht zugestand. Der andere wandte sich mit Grausen von den brennenden Scheiterhaufen ab und erklärte, man müsse sich nur an die staatlichen Gesetze halten. Den innersten Glauben seiner Untertanen dürfe der Staat nicht antasten. Dieser Strang mündete in unseren Rechtsstaat, jener zu Gesinnungsstaatlichkeit.

---

[60] Braun, JuS 1994, S. 730 f.
[61] Rousseau, Der Gesellschaftsvertrag, S.155.
[62] Krockow, Die Entscheidung, S.142.

Glaubenskrieger

In Frankreich war das 16. und in Deutschland das 16. bis 17. Jahrhundert die Epoche der Religionskriege. In den Edikten von Châteaubriant 1551, von Compiègne 1557 und von Écouen 1559 wurden Protestanten entrechtet und zuletzt dem Tode überantwortet, was zu den Hugenottenkriegen führte und 1572 in der Bartholomäusnacht tausende hugenottischer Opfer forderte. Der katholische Jurist Michel de Montaigne lehnte die „Neuerungen" jener Edikte ab, hatten sie doch zu Exzessen und einer Zersetzung der Gesellschaftsordnung geführt. Dies alles „geschieht, um unser Gewissen und unseren Glauben zu läutern – wie ehrenwert das doch klingt!" Es sei aber sehr gefährlich, „wenn man seine persönlichen Überzeugungen derart wichtig nimmt, daß man zu ihrer Durchsetzung nicht davor zurückschreckt, den öffentlichen Frieden zu brechen und all den Übeln und der entsetzlichen Sittenverderbnis Tür und Tor zu öffnen, die bei Dingen von solchem Gewicht Bürgerkriege und politische Umwälzungen zwangsläufig mit sich bringen – und dies dem eigenen Land antut!"[63]

Während Montaigne dem Staat von solchen Eingriffen in Gewissens- und Glaubensfragen abrät, sieht er aber den Bürger in der Pflicht, „der Obrigkeit zu gehorchen und die jeweilige Regierungsform nicht anzutasten." Eine Institution ist dafür da, den inneren Frieden zu gewährleisten, damit sich die weltanschaulichen Gegner nicht gegenseitig an die Gurgel gehen. Darum steht der Gesetzesgehorsam für Montaigne ebenso unverbrüchlich außer Frage wie das Recht des Monarchen, den äußeren Kultus festzulegen, also die Konfession. Einige Jahrzehnte später baute der Engländer

---

[63] Montaigne, Essais, Kap. I 23, S.66.

Thomas Hobbes[64], Zeitzeuge des 30jährigen Krieges, diesen Standpunkt weiter aus.[65] Hobbes hatte unter dem Eindruck geifernder Glaubensfanatiker die äußerliche Anerkennung einer staatlichen Rechts- und Moralordnung von dem einem jeden erlaubten inneren Glaubensvorbehalt getrennt. Wie schon Montaigne fragte er nicht nach letzten Wahrheiten, um die Theologen und Philosophen sich zanken mochten. Im stillen kann ohnhin jeder glauben, was er will, nur muß er den inneren Frieden halten. Der Staat darf seinen Bürgern um dieses lieben Friedens willen zwar Gesetzesbeachtung und einen bestimmten Kultus anbefehlen, aber nicht ihr Gewissen und ihre innere Gesinnung zwingen.

Zu diesen Wegweisungen konnten Montaigne und Hobbes gelangen, weil sie den mittelalterlichen Glauben an ewige Wahrheiten aufgegeben hatten. Sie sahen den Menschen für prinzipiell unzulänglich an, solche „Wahrheiten" letztverbindlich zu erkennen. Damit eröffneten sie dem Geistesleben der Neuzeit erst den Freiraum, in dem wir bis uns heute bewegen. Das heißt: uns noch bewegen können, solange das Pendel der Gesinnungsstaatlichkeit nicht zurückschlägt. Unsere modernen Methoden, Menschen vom Kindergarten bis zur Totenbahre zu indoktrinieren, hätten jene religiösen und anderen Fanatiker des letzten Jahrtausends vor Neid erblassen lassen. Sie wirken wie eine lebenslängliche sanfte Gehirnwäsche.[66]

Doktrinen sind Gefängnisse des Geistes. Sie bestehen aus Glaubensannahmen, die nicht bewiesen werden können, aber auch nicht kritisch hinterfragt werden dürfen. Als sogenannte

---

[64] Hobbes, Leviathan, 1651.
[65] Vgl. im einzelnen: K.Kunze, Mut zur Freiheit, 1995.
[66] Zu diesen Methoden: K.Kunze, Die sanfte Gehirnwäsche, 2020.

Axiome oder Postulate geben sie die Richtung jedes weiteren Nachdenkens vor. „Wer immer unsern Glauben an seine Postulate zu gewinnen weiß," warnte Montaigne, „ist unser Herr und Gott."[67]

Ihr seid Götter

Grundaxiom unserer Verfassung ist die aus der Renaissance stammende Vorstellung einer transzendenten oder dem Menschen immanenten Menschenwürde. Materieller Kern dieser Idee und Sinn des Begriffs „Würde des Menschen" ist die säkularisierte christliche Vorstellung von der Gottesebenbildlichkeit jedes Menschen.[68] Der für sein Alter von damals 24 Jahren schon sehr belesene Pico della Mirandola (1463-1494) habe sie sich ausgedacht, heißt es.[69] Pico zufolge hatte Gott dem Adam keine bestimmte Natur verliehen, sondern die Fähigkeit, „selbst die eigene Natur zu bestimmen:" Als wollüstiger Sklave seiner Sinne sei er nur ein Tier[70], „im fließenden Gewässer der Moralphilosophie" gereinigt aber wie ein Seraphim. Gott und er sind dann eins.[71] „Wir sind geboren worden unter der Bedingung, daß wir das sein sollen, das wir sein wollen." Es gelte jener Ausspruch des Propheten Asaph für uns: Götter seid ihr und Söhne des Höchsten alle."[72]

So beginnt die Konstruktion der Menschenwürde mit einer „nur notdürftig kaschierten Gotteslästerung", stellt

---

[67] Montaigne, Essais, Buch II, 12, Apologie für Raymond Sebon, S.270.
[68] Di Fabio, (2005) S.114, ebenso Herdegen (2005), Art. 1 I GG Rdn.7.
[69] Mirandola, Über die Würde des Menschen, 1496.
[70] Mirandola, 1997, S.11.
[71] Mirandola, 1997, S.15 f., 21.
[72] Mirandola, 1997, S.13 nach Psalm 82, 6.

der ehemalige Bundesverfassungsrichter Udo di Fabio nüchtern fest. „Die biblische Offenbarung, wonach jeder einzelne Mensch ein Ebenbild Gottes sei, wird von ihren transzendenten theologischen Wurzeln und den praktischen Demutsermahnungen getrennt." Die Ebenbildlichkeit „wird zur Identität des Menschseins schlechthin gemacht, wenn jeder Mensch auf Erden in den Rang eines gottgleichen Schöpfers erhoben wird: ungebunden, souverän und und jeder als Schöpfer seines Schicksals, im Range gleich."[73]

Seine praktische Abdankungsurkunde hat Mirandola Gott mit den epochalen Worten in den göttlichen Mund gelegt: „Keinen bestimmten Platz habe ich dir zugewiesen, auch keine bestimmte äußere Erscheinung, und auch nicht irgendeine besondere Gabe habe ich dir verliehen, Adam, damit du den Platz, das Aussehen und alle die Gaben, die du dir selber wünschst, nach deinem eigenen Willen und Entschluß erhalten und besitzen kannst. Die fest umrissene Natur der übrigen Geschöpfe entfaltet sich nur innerhalb der von mir vorgeschriebenen Gesetze. Du wirst von allen Einschränkungen frei nach deinem eigenen freien Willen, dem ich dich überlassen habe, dir selbst deine Natur bestimmen. In die Mitte der Welt habe ich dich gestellt, damit du von da aus bequemer alles ringsum betrachten kannst, was es auf der Welt gibt. Weder als einen Himmlischen noch als einen Irdischen habe ich dich geschaffen und weder sterblich noch unsterblich dich gemacht, damit du wie ein Former und Bildner deiner selbst nach eigenem Belieben und aus eigener Macht zu der Gestalt dich ausbilden kannst, die du bevorzugst. Du kannst nach unten hin ins Tierische entarten, du kannst aus eigenem Willen wiedergeboren werden nach oben in das Göttliche."[74]

---

[73] Di Fabio, S.97 f.
[74] Mirandola, S.9.

Gottgleiche Menschenwürde muß sich nach Mirandola noch jeder Einzelne durch moralische Läuterung erwerben. Das moderne Postulat sieht die Menschenwürde aber nicht als Resultat moralischer Läuterung an, sondern spricht sie auch dem „Ungeläuterten", „ins Tierische Entarteten" zu, was Mirandola völlig fern gelegen hatte. Losgelöst von den traditionellen Fesseln der Moral und seiner Biologie, kann der moderne Mensch wie ein gottgleicher Schöpfer natürlich auch sein sexuelles Geschlecht neu erschaffen, sogar deren viele. Verstößt es nicht gegen seine Würde, ihm das abzusprechen?

Zu den modischen Doktrinen unserer Oberen zählt darum neuerdings die der unzähligen sexuellen Geschlechter. Sie nimmt Mirandola wörtlich: Jedermann kann sich selbst neu erschaffen. Der Mensch, lautet das neue Postulat, ist freier Schöpfer seiner eigenen Natur: physisch und moralisch. „Es ist sehr leicht, auf Postulaten Gedankengebäude jeder Art zu errichten, denn kraft einer solchen, die Regeln festlegenden Vorgabe" wie derjenigen der Gottgleichheit „lassen sich die übrigen Teile widerspruchsfrei zusammenfügen. […] Unser Zustimmen und Gutheißen gibt ihnen freie Hand, uns bald links-, bald rechtshin zu ziehen, bis wir nach ihrer Pfeife Pirouetten drehen."[75]

Je unwahrscheinlicher und mit dem Erleben der täglichen Sinneswelt unvereinbarer ein Glaube ist, desto mehr muß er sich mit doktrinärem Gehabe gegen Kritik sichern. Sich gegenüber einer Offenbarung „auf das Zeugnis der Sinne und des Verstandes zu verlassen, ist Häresie und Verrat. […] Die Fähigkeit des ‚Rechtgläubigen', seine Augen zu verschließen und seine Ohren zu verstopfen gegenüber Tatsachen, die es

---

[75] Montaigne, Essais, Buch II, 12, S.269 f..

nicht verdienen, daß man sie ansieht oder anhört, ist ihm eine Quelle unerreichter Kraft und Standhaftigkeit."[76] Darum beweisen „für voreingenommene Menschen, namentlich für solche, deren Herz den Verstand besiegt hat, Ereignisse nichts. Da sie unwiderruflich Partei dafür oder dagegen genommen haben, sind Beobachtungen und Beweisführung gleich vergebens."[77]

Wo Gott waltet, darf ein Teufel nicht fehlen

Die heutigen Architekten neuer Gesinnungsstaatlichkeit führen uns mit modernen Methoden wieder geradewegs ins Mittelalter, als auf Häresie der Scheiterhaufen stand. Religiöse Doktrinen hatten einst den rechten Glauben vom falschen abgegrenzt. Bisher brennt er nur für eingezogene Schriften. Weil subjektive Wertsetzung und konfessioneller Glaube beliebig sind, kommt es zur Erhaltung des Friedens nur darauf an, irgendeine Entscheidung zu fällen. Das ist Aufgabe des Staates, der mit Wirkung für alle diese Entscheidung durch eine allgemeingültige Rechtsordnung trifft und den Glaubenskrieg autoritativ beendet. Glauben darf im Rahmen dieser Rechtsordnung noch immer jeder, was er möchte, nur erzwingt die staatliche Ordnung den inneren Frieden.

Ein Recht zum moralisierenden Bürgerkrieg darf es nicht geben. Mit dieser Forderung hatte schon Thomas Hobbes sich den anhaltenden Haß aller Fanatiker zugezogen, die nur für ihre Wahrheit, ihre Religion und ihren persönlichen Glauben leben und jederzeit zu sterben bereit sind. Gelangen sie an die Macht, lösen sie das Problem des ideologischen oder des Glaubenskrieges auf ihre

---

[76] Eric Hoffer 1951 (1965), S.60, 68.
[77] De Maistre 1796 (1991), S.52.

Weise natürlich auch: Dann kommt es zu jenen Bartholomäusnächten wie 1572 und zu „republikanischen Hochzeiten", bei denen in der französischen Revolution je ein Mönch und eine Nonne nackt zusammengefesselt und ertränkt wurden.

Wenn Menschen sich in ihrer Würde wie Götter fühlen, dürfen ihre Teufel nicht fehlen. Im Gesinnungsstaat wird jeder vom offiziellen Glauben Abweichende zum Häretiker, zum Ketzer, ja zum Inbegriff des Bösen schlechthin, das ausgerottet gehört. Trunken von guter Gesinnung verübt man jetzt mit gutem Gewissen, an was man sonst aus schlechtem noch nicht einmal denken würde. Das Frankreich des 16. Jahrhunderts sah Hugenottenverfolgungen und zeitgleich auf Schiffen mitgebrachte Kannibalen aus Südamerika. Montaigne bemerkte dazu 1580, „es ist noch barbarischer, sich an den Todesqualen eines lebendigen Menschen zu weiden, als ihn tot zu fressen: barbarischer, einen noch alles fühlenden Körper auf der Folterbank auseinanderzureißen, ihn stückchenweise zu rösten, ihn von Hunden und Schweinen zerbeißen und zerfleischen zu lassen (wie wir es nicht nur gelesen haben, sondern in frischer Erinnerung noch vor uns sehen: keineswegs zwischen alten Feinden, sondern zwischen Nachbarn und Mitbürgern, und, was noch schlimmer ist, unter dem Vorwand von Frömmigkeit und Glaubenstreue), als ihn zu braten und sich einzuverleiben, nachdem er sein Leben ausgehaucht hat."[78]

Ketzerverfolgungen gipfeln letztlich in der physischen Ausrottung des weltanschaulichen Feindes, sofern dieser nicht konvertiert. Das 20. Jahrhundert hat mit seinen Lagern zur ideologischen Umerziehung an Gesinnungshaß gleichgezogen und die Vergangenheit zahlenmäßig sogar übertroffen.

---

[78] Montaigne, Essais, Buch I, 31, S.113.

Die Gesinnung der Moderne

Die Moderne zerstört unsere hergebrachte geistige Ordnung, um uns in der schönen neuen Welt ihrer eigenen Ideologie umso wirksamer zu fesseln. Man bläut uns heute wieder Postulate als angebliche ewige Wahrheiten ein und sucht diese mit aller Medienmacht in unseren Köpfen zu verankern. Es gebe irgendwelche ewig gültigen Wahrheiten, ist Teil einer durch Zeit, Mode und äußere Umstände bedingten Denktradition.

Der Platonismus hatte die Gebilde unserer Ideenwelt für ewig gültige Realitäten gehalten, die im Diesseits auch Sollenslehren begründen könnten. Das griffen alle politischen Systeme gern auf, die zur Sicherung ihrer Herrschaft in besonderem Maße darauf angewiesen waren, daß man unverbrüchlich an die Grundlagen ihrer Legitimität glaubt.

Heute besteht die angebliche Wahrheit darin, alle gesellschaftlichen Institutionen, die bisher das Gemeinwesen zusammengehalten hatten, beruhten nur auf arglistiger Konstruktion und törichter Einbildung: die Unterscheidung von Mann und Frau, die Familie, unser Volk. Seit unvordenklichen Zeiten hatten diese Institutionen Autorität besessen und Hierarchien gebildet, etwa die zwischen Eltern und ihren Kindern. Der Dekonstruktivismus sucht alle diese solidarischen Bindungen zu zerschneiden, indem er die Existenz ihrer Träger wie der Familie bestreitet und sie zu einem beliebigen Konstrukt erklärt. Dahinter steht, neu eingekleidet, die kommunistische Utopie von der „Aufhebung der Herrschaft des Menschen über den Menschen".

Jeder Staat bedarf eines inneren Zusammenhalts. Bürger müssen einen Sinn darin sehen, ihrem Staat zu gehorchen. In Monarchien hatte die Idee der Fürstenherrschaft von Gottes

Gnaden Legitimität gestiftet. Im 19. und 20. Jahrhunderts trat das Bewußtsein hinzu, ungeachtet aller sozialen Gegensätze einem und demselben Volk anzugehören. Jede Epoche hatte ihre spezifische Weltdeutung. Die Anschauungen und Ideologien starben und sterben mit den sich ändernden Lebensbedingungen der Menschen ab. Heute wandeln die materiellen und geistigen Besonderheiten der massendemokratischen Industriegesellschaft nach und nach die toleranten Staaten der Aufklärung in Gesinnungsstaaten um.

Die dekonstruktivistischen Theorien der Moderne haben die früher sinnstiftenden Bindungen und Institutionen delegitimiert. Sie halten solche Bindungen für Konstrukte. Ein Familienvater dagegen sieht den legitimen Sinn seiner täglichen Arbeit in seiner natürlichen Verantwortung für Frau und Kinder, ein Steuerzahler in seiner selbstverständlichen Bürgerpflicht, die Lasten des Gemeinwesens mitzutragen, und selbst ein Dieb beugt sich einem Urteilsspruch mit dem schlechten Gewissen, gegen eine sittliche Grundpflicht verstoßen zu haben. Man kann lange streiten, wo solche „natürlichen" Pflichten herrühren. Sie sind aber immer im Zusammenhang mit dem Gefühl einer Verbundenheit mit anderen Menschen. Dieses Gefühl hatte jahrtausendelang angeknüpft an die Verbindung von Vater und Mutter zu ihren Kindern, also an die Familie, Blutsverwandtschaft und Stammesverwandtschaft.

Wer den Menschen den Glauben nimmt, daß solche Bindungen real vorhanden sind und ideelle Pflichten erzeugen, schneidet auch der herkömmlich legitimierten Staatlichkeit den Lebensnerv ab. Genau das hat der marxistoid inspirierte Dekonstruktivismus getan. Er besagt, alle seien gleich, natürliche Bindungen gebe es nicht, und Familien und Völker seien nicht real vorhanden, sondern nur in den Köpfen konstruierte Einbildung. Darum spiele auch ein „natürliches", biologisches Geschlecht keine Rolle für die Frage, ob jemand Mann oder Frau sei.

Damit zieht der Dekonstruktivismus nur die letzte Konsequenz aus der geistesgeschichtlichen Tendenz der Moderne, alle höheren Einheiten anzuzweifeln und in ihre Bestandteile zu zerlegen: Menschen bilden demnach keine Familien und Völker, sondern nur Gesellschaften untereinander im Prinzip völlig gleicher Individuen. Diese kann man dann, wie gleiche Ziegelsteine, jederzeit benutzen, um mit ihnen jede gewünschte Gesellschaftsform zu errichten. Diese Ideologie entspricht perfekt den Funktionsbedingungen der arbeitsteiligen Industriegesellschaft, die auf Mobilität und Austauschbarkeit sowohl ihrer Arbeiterschaft wie auch der Konsumenten angewiesen ist. Ihr funktionales Idealprodukt besteht im ledigen, seiner familiären Wurzeln und seiner Heimat entrissenen, flexiblen, mobilen und anpassungsfähigen Massenmenschen.

Völlig fremd ist denen die Vorstellung natürlicher Verbundenheit und ihrer Pflichten. Wenn nämlich Familien und Völker nur beliebige Geisteskonstrukte sind, kann es auch keine ihnen innewohnenden sittlichen Pflichten für ihre Angehörigen geben. Die durchrationalisierte und funktionalisierte Gesellschaft vermag nach restloser Dekonstruktion aller urwüchsigen gesellschaftlichen Einheiten keine sinnstiftende Kraft mehr zu entfalten. Gibt es keine Mutter, sondern nur noch „Elter 1, 2, 3" und so weiter, gibt es auch keine spezifische Mutterliebe mehr und kein exklusives Mutterglück. Unbegreiflich werden die natürlichen Pflichten jeder Mutter gegen ihre Kinder und deren Gehorsamspflicht. Zahlt ein Bürger brav Steuern und gehorcht den Gesetzen, muß er wohl ein rechter Trottel sein, weil es diesen Staat nach erfolgreicher Dekonstruktion auch nicht mehr gibt.

Eine Gesellschaft egoistischer Solitäre, die keinerlei Solidarität und Opferbereitschaft mit irgendjemandem aufbringen, würde theoretisch auf die Stufe reinen Machtdenkens zurückfallen, weil keine legitime Herrschaft mehr denkbar wäre. Praktisch allerdings ließe sie sich umso leichter durch finanziell oder polizeilich Mächtige beherrschen, weil eine Gesellschaft emotional nicht miteinander verbundener Solitäre zu keiner gemeinschaftlichen Bedrohung ihrer Freiheit mehr fähig wäre.

Daß unsere Staatlichkeit nicht längst zusammengebrochen ist, verdankt sie dem natürlichen Lebensgefühl weiter Kreise der Bevölkerung. Diese verstehen die dekonstruktivistischen Seifenblasen überhaupt nicht. Sie benötigen auch nicht das klassische Naturrecht. Es hatte an eine in der physischen Natur des Menschen verankerte metaphysische Moral geglaubt: „Von Natur aus gut" sei „der Mensch". Aus diesem angeblichen Sein schloß das Naturrecht im Zirkel: „Das Gute" steckt im Menschen, also soll jeder „gut" sein. Man kann aber niemals aus einem bloßen Sein ein Sollen ableiten.

Wir benötigen auch gar keine metaphysischen Befehle, was wir sollen. Die Quellen aller Moral sind uns angeboren, aber nicht als Morallehren. Sie sind in unserer genetischen Physis verankert, sonst wären wir ausgestorben. So ist die Mutterliebe auch ohne „moralischen" Befehl eine unwiderstehliche Kraftquelle. Gegenüber spekulativen Philosophenideen genügt für die meisten Mütter vollständig, ihr geborenes Kind zu lieben, genügt das väterliche Empfinden, sein Kind auch versorgen und schützen zu müssen, genügt das spontane Gefühl der Nähe, wenn Deutsche weit im Ausland andere Deutsche treffen.

Unsere Gesetze tragen solchem natürlichen Empfinden immer weniger Rechnung, was darin am sichtbarsten wird, was früher Familienpolitik hieß. Wenn heute alles „Familie" ist, wo „Menschen füreinander Verantwortung übernehmen", dann ist eben nichts mehr im spezifischen Sinn Familie. Wenn heute jeder Paßinhaber ein Deutscher auch in dem Sinne sein soll, daß ich mich mit ihm als Landsmann verbunden und solidarisch fühlen soll, beseitigt das vollständig dienigen emotionalen Bindungskräfte, die nur gemeinsame Kultur und Abstammung erzeugen können. Man kann sich aber nicht allen Menschen so sehr verpflichtet fühlen, daß man notfalls mit seinem Leben für sie einzustehen bereit ist.

Nachdem sie Familie, Volk und Vaterland restlos „dekonstruiert" haben, können die postmarxistischen Täter mir nicht mehr schlüssig die Frage beantworten: „Warum soll ich für so einen eigentlich arbeiten gehen und mich krummlegen?" Die Legitimität der Herrschaft meines Staates über mich, meine Steuern und Abgaben und meinen Gehorsam schwindet dann dahin.

Ersatzgesinnung für die verlorengegangene Legitimität

Die postmodernen Massengesellschaften mußten den Weg in den Gesinnungsstaat einschlagen, um einen Ersatz für ihre verlorengegangene Legitimität zu finden. Das früher einende Band zwischen ihren Bürgern dekonstruierten sie. Damit diese ihnen aber jetzt noch willig folgen, benötigen sie neue ideologische Energiequellen.

Statt mich in mein Staatswesen zu fügen, weil es mir, meiner Familie und meinen Verwandten dient, soll ich künftig gehorchen, weil das neuerdings gewissen Ideen dient. Ihnen soll ich jetzt auch huldigen. Es sind allerdings nicht meine Ideen. Ich soll mich ideell fremdbestimmen lassen. Soll das eine Buße sein? Vielleicht wird mir ja einst vergeben für die Erbsünden meiner schlimmen deutschen Vorfahren. Ich soll jetzt glauben an den „Gott" *Mensch* mit seiner *Menschenwürde*, der ideelle Gestalt gewonnen hat in der „heiligen Dreifaltigkeit" von Gerechtigkeit, Emanzipation und Nichtdiskriminierung.

Es war völlig in Ordnung und muß so bleiben, daß unser Staat sich aus der totalitären Erfahrung heraus Selbstbeschränkungen auferlegt hat. Er darf keinem Menschen seine Würde nehmen. Aus dem Hut dieser Selbstbescheidung der Staatsmacht wird aber heute alles Beliebige und Wünschenswerte hervorgezaubert. Linke und egalitäre Dogmatik sind da äußerst kreativ. Abschaffung des ethnisch deutschen Volkes? Kein Problem! Das Wörtchen Menschenwürde wird wie ein Zauberstab mißbraucht, in dessen Blitzen und Funkeln sich die Welt verwandeln läßt. 63 sexuelle Geschlechter? Wer bietet mehr? Alles wird möglich. Unsere Biologie ist menschenwürdefeindlich, wenn sie uns da einschränkt.

„Und Ihr werdet sein wie Gott!" (1. Moses 3). Die selbsternannten Götter und Neuschöpfer unseres Seins verheißen uns einen neuen Himmel und eine neue Erde. Sie weilen geistig wieder unter uns, Scharlatane wie Jan van Leiden und Savonarola, wie Lenin oder Goebbels. So kniet denn nieder und betet! Denn der „Große Bruder" des Gesinnungsstaats sieht Euch alle.

Literaturverzeichnis

Bittner, Michael, Es lebe der Volkstod! 12.3.2015
https://michaelbittner.info/2015/03/12/es-lebe-der-volkstod/

Bodin, Jean, Les Six livres de la République, 1583,
Über den Staat, Hrg.Gottfried Niedhardt, Stuttgart (Reclam) 1976/1982.

Böckenförde, Ernst-Wolfgang, Staat, Verfassung, Demokratie, 1991.

Braun, Johann, Recht und Moral im pluralistischen Staat,
Juristische Schulung (JuS) 1994, 727.

Burckhardt, Jacob, Weltgeschichtliche Betrachtungen, 1905, Neudruck.

Depenheuer, Otto, Solidarität im Verfassungsstaat,
2.Aufl. 2016 (1.Aufl. 2009).

Di Fabio, Udo, Die Kultur der Freiheit, 2005.

Diwald, Helmut, Geschichte der Deutschen, 1978.

Donoso Cortés, Juan, Essay über den Katholizismus,
den Liberalismus und den Sozialismus, 1851.

Faeser, Nancy (als verantwortliche Ministerin), Aktionsplan gegen Rechtsextremismus, https://www.bmi.bund.de/SharedDocs/downloads/DE/veroeffentlichungen/2022/aktionsplan-rechtsextremismus.pdf?__blob=publicationFile&v=1, abgerufen am 15.8.2022.

Flade, Florian, BKA setzt Wertebeauftragten ein, 12.3.2021, Tagesschau.de.
https://www.tagesschau.de/investigativ/wdr/bka-wertebauftrager-101.html

Fuhrmann, Wilhelm David, Leben und Schicksal, Geist,
Character und Meynungen des Lucilio Vanini, Leipzig 1800.

Gehlen, Arnold, Moral und Hypermoral, 5. Aufl. 1986.

Herdegen, Matthias, in: Maunz-Dürig-Herzog, Kommentar zum Grundgesetz,
Lieferung 44, 2005, zu Art. 1 I GG.

Hobbes, Thomas, Leviathan, 1651, Stuttgart 1970, Reclam.

Hoffer, Eric, The True Believer, New York 1951, Der Fanatiker, Reinbek 1965.

Kondylis, Panajotis, Macht und Entscheidung, 1984.

- Die Aufklärung im Rahmen des neuzeitlichen Rationalismus, 1981,
Auflage 1986.

- Die Zukunft der Nation, FAZ 26.10.1994.

- Der Niedergang der bürgerlichen Denk- und Lebensform, 1991.

Krockow, Christian Graf von, Die Entscheidung, Eine Untersuchung über Ernst
Jünger, Carl Schmitt, Martin Heidegger, 1958, 2.unveränderte Aufl.1990.

Kunze, Klaus, Mut Zur Freiheit, 1. Aufl. 1995, ISBN 3-924396-43-4; 2., erweiterte Auflage: 1998, ISBN 978-3-933334-02-2 (2).

- Geheimsache Politprozesse, 1998, ISBN 3-933334-05-5.

- Identität oder Egalität, 2020, ISBN 978-938176-79-5.

- Die sanfte Gehirnwäsche, 2020, ISBN 978-3-910087-21-7.

- Unsere neue Unmündigkeit, Gleichgeschaltete Bürger zwischen Konformitätslust und -druck, Hrg. Die Deutschen Konservativen, Hamburg 2021.

von Leesen, Hans Joachim, Auf Samtpfoten wurde Schriftgut verboten, Ostpreußenblatt 22.5.1993.

Machiavelli, Niccolò, Discorsi sopra la prima deca Tito Livio, 1532, Deutsche Gesamtausgabe, Hrg. Rudolf Zorn, 2.Aufl.1977.

de Maistre, Joseph, Betrachtungen über Frankreich, 1796, Hrg.G.Maschke, Wien 1991.

Mirandola, Pico della, De hominis dignitate, 1496 posthum, Über die Würde des Menschen, Reclam 1997.

Montaigne, Michel de, Essais, 1580. Hrg. Hans Magnus Enzensberger, Übersetzer Hans Stilett, Frankfurt 1998.

Mohler, Armin, Liberalenbeschimpfung, 1990.

Murswiek, Dietrich, Verfassungsschutz und Demokratie, 2020.

Pufendorf, Samuel von, De statu Imperii Germanici, 1667, Die Verfassung des Deutschen Reiches, Hrg.Horst Denzer, Frankfurt/M.1994.

Rousseau, Jean-Jacques, Der Gesellschaftsvertrag, 1762, (Hrg. Weinstock), 1974.

Schmitt, Carl, Der Begriff des Politischen, Berlin 1932 (1963/1987).

Spengler, Oswald, Der Untergang des Abendlandes, 1918 in zwei Bänden, hier zitiert nach der einbändigen Ausgabe nach dem Druck von 1923, Anaconda-Verlag 2017.

Vierhaus, Hans Peter, Die Identifizierung von Staat und Parteien – eine moderne Form der Parteidik-tatur? Zeitschrift für Rechtspolitik (Beilage zur NJW) 1991, S.468 ff..

Weber, Ferdinand, Staatsangehörigkeit und Status, 2018.

Über den Autor

1953	in Bahrendorf bei Magdeburg geboren, verheiratet, 4 Töchter und 2 Söhne, 9 Enkelkinder, eine Urenkelin.
1972	Abitur am altsprachlichen Hölderlin-Gymnasium in Köln
1972-1975	Polizeibeamter in NRW, zuletzt Hauptwachtmeister im Polizeipräsidium Köln
1974	Sommersemester: Immatrikulation Universität Köln, Rechtswissenschaften
1976	Stipendiat der Konrad-Adenauer-Stiftung
1976-77	Mitglied des Hochschulpolitischen Ausschusses der Deutschen Burschenschaft
1977	Mitgründer des *Ring Freiheitlicher Studenten* in Köln
1979	1. juristische Staatsprüfung in Köln, Referendariat in Köln.
1981	2. juristische Staatsprüfung in Köln; Zulassung als Rechtsanwalt beim Landgericht Göttingen
1984	Selbständiger Rechtsanwalt in Uslar
2014	2015, 2016, 2018 und 2019 niedersächsischer Senioren-Landesmeister (der jeweiligen Altersgruppe) im Gerätturnen, 2017 Platz 2. Deutsche Seniorenmeisterschaften im Gerätturnen Platz 5, 2015 Platz 3, 2016 und 2017 Platz 8, 2018 Platz 3, 2019 Platz 5.
1970-71	Herausgeber eines Science-Fiction-Fanmagazins
1977-79	Korrespondent der Zeitung *student* in Köln
seit 1978	Diverse Beiträge in genealogischen und heimatkundlichen Fachzeitschriften
seit 1989	Diverse Beiträge für politische Zeitschriften

Klaus Kunze

Buchveröffentlichungen:

1989	Genealogisches Fachbuch „Ortssippenbuch Fürstenhagen" ISBN 3-933334-00-4
1994	Der totale Parteienstaat ISBN 3-933334-01-2

1995	Mut zur Freiheit, Rechtsphilosophie auf dem schmalen Grat zwischen Fundamentalismus und Nihilismus, ISBN 978-3-933334-02-2 (2)
1997	Dorfgeschichte „Fürstenhagen im Bramwald" ISBN 3-933334-03-9, 500 Seiten
1998	Geheimsache Politprozesse, Systemwechsel durch Uminterpretation: Verfassungsschutz und Gerichtsbarkeit nach dem linken Marsch durch die Institutionen, ISBN 3-933334-05-5
1998 ff.	Publikation diverser weiterer historischer und genealogischer Fachbücher
2013	„Falterträume, Schmetterlinge in Fürstenhagen und am Bramwald", ISBN 978-3-933334-24-4
2019	Das ewig Weibliche im Wandel der Epochen, Von der Vormundschaft zum Genderismus, ISBN 978-3938176-71-9
2020	Identität oder Egalität, Vom Menschenrecht auf Ungleichheit, ISBN 978-938176-79-5.
2020	Die sanfte Gehirnwäsche, Wie die öffentlich-rechtlichen Medien uns umformen, ISBN: 978-3-910087-21-7.
2020	Die solidarische Nation, Wie Soziales und Nationales ineinandergreifen, ISBN 9783938176856
2022	Staatsfeind Liberalismus, Von der totalitären Versuchung des Globalismus, ISBN 978-3-949780-03-5

Buchveröffentlichungen über die Deutschen Konservativen e.V.:

2019	Wahn, Wahnsinn, Genderwahn – Entgrenzte Gesellschaft, Hrg. Die Deutschen Konservativen
2020	Die mörderische Macht der Moralisten – Im Würgegriff der Gutmenschen, Hrg. Die Deutschen Konservativen
2021	Unsere neue Unmündigkeit, Gleichgeschaltete Bürger zwischen Konformitätslust und -druck, Hrg. Die Deutschen Konservativen
2022	Wie der Mensch sein eigener Gott wurde (Humanitarismus – Die Religion der Gottlosen), Hrg. Die Deutschen Konservativen
2024	Vom Staat des Volkes zum Gesinnungsstaat, Hrg. Die Deutschen Konservativen